平成三十年（二〇十八）十二月
善相公＝三善清行千百年祭記念

三善清行の遺文集成

訓読解説　所　功
Tokoro Isao

方丈堂出版
Octave

まえがき――千百年祭に寄せて――

三善清行の名前は、今なお高校日本史の教科書などに出てくるが、私の最も尊敬する菅原道真ほどには広く知られていない。そのためか、専門的な研究が少なく、伝記にしても、昭和四十五年（一九七〇）に出版された拙著（吉川弘文館人物叢書）が最初であり、それ以後半世紀近く単行本は見当たらない。

ただ、清行を政治史・社会史・文化史・思想史などの立場から採り上げた論文は、かなり多く発表されており、作品の一部が史料集（たとえば岩波書店刊『古代政治社会思想』など）に収録されている。それらを拝見しながら、清行の全遺文を厳密に校訂し平易に注釈する必要がある、とひそかに想ってきたが、前著刊行後、主な研究対象が宮廷儀式書の文献的検討に移り、はや後期高齢者となってしまった。

そこで、せめて清行の全遺文を一冊に纒め、本文と共に訓読文と若干の校訂・語注を加えて出版したいと考え付いた。しかしながら、それも本格的に取り組めば何年かかるか判らない。よって、これを清行が数え七十二歳で卒去した延喜十八年（九一八）十二月七日から千百年祭を迎える平成三十年（二〇一八）の十二月までに刊行すると決め、ほぼ一年以内で仕上げることにした。

とはいえ、折から今上陛下の〝高齢譲位〟が間近に迫り、それに関連する研究・執筆も疎かにできない。それゆえ、その合間にともかく全遺文の訓読原稿を作るのが精一杯であった。よって今回は、それのみをデータ化して出版するに留まり、まことに申し訳ないと思っている。

この史料集が、三善清行への関心と理解を高め広めるために、少しでも役立つことを念じてやまない。

目次

凡例

1 本書は、三善清行の著作として確認できる遺文（①～⑰）を可能な限り集成し、また関与の推定される遺文（㋑・㋺・㋩）を「参考」に付載した。

2 既刊史料所収の遺文本文と編者流の訓読を併載し（両方ともほとんど常用漢字）、訓読（歴史的仮名づかひ）に少し振り仮名を、また文中（　）内に私注を、さらに適宜番号や小見出しを加えた。

3 集成した遺文は、左の刊本に収録されており、各々の校訂・訓読・注記なども参取させて頂いた。

①・②・④・⑦・⑫・⑭(ロ)(ハ)……『本朝文粋』（新訂増補国史大系、吉川弘文館）

⑤・⑪・⑭(イ)・⑮(1)～(16)・⑯・参考㋩……正・続群書類従（続群書類従完成会）

③・⑥……『本朝文集』（新訂増補国史大系、吉川弘文館）

④・⑧・⑨・⑰・参考㋑・㋺……『政事要略』（新訂増補国史大系、同前）

⑦……阿部猛氏『平安貴族社会』付編「意見十二箇条」試注（平成21年、同成社）

⑤・⑦・⑪……今井宇三郎氏・大曽根章介氏・竹内理三氏など校注『古代政治社会思想』（昭和54年、日本思想大系、岩波書店）　藤田徳太郎氏編『日本精神文化大系』平安時代篇（昭和13年、金星堂）

⑩……佐伯有清氏『智証大師伝の研究』（平成元年、吉川弘文館）

⑬……怪異史料研究会「三善清行『善家秘記』注釈」七回連載（「続日本紀研究」平成19～20年）
　後藤昭雄氏『本朝漢詩文資料論』（平成24年、勉誠出版）

4 このうち、⑭・⑮の訓読については、岐阜聖徳学園大学の横久保義洋教授から、また参考㋑の訓読については、麗澤大学の宮下和大准教授から、懇切な御示教を賜ったことに併せて感謝を申し上げます。

三善清行の遺文集成

（口　絵）

藤原時平（左）を見舞う三善清行（右）と浄蔵法師（手前）

（原本 国宝『北野天神縁起』）

図版の典拠

・表紙と口絵「三善清行像」……京都・北野天満宮所蔵『北野天神縁起』（国宝）。複製＝『北野聖廟縁起』（承久本）（平成十三年、大塚巧藝社）より

・序論(イ)「意見十二箇条」……『本朝文粋』巻二　身延山久遠寺所蔵（重要文化財）。複製＝『本朝文粋』（昭和五十五年、汲古書院）より

(ロ)「三善清行卿邸趾／善相公千百年祭記念」石碑……京都・岡崎神社境内（木村石材製作）より

(ハ)「一条戻橋」……安永九年（一七八〇）『都名所図会』巻一。写真＝国際日本文化研究センターのデータベースより

・遺文Ⅰ「醍醐天皇御影」……京都・醍醐寺所蔵。複製＝東京大学史料編纂所データベースより

・遺文Ⅱ(右)「智証大師像」……善通寺市金倉寺所蔵。写真＝国立国会図書館デジタルコレクションより

(左)「藤原保則像」……菊池容斎筆『前賢故実』巻五（明治元年刊）。写真＝同前より

・遺文Ⅲ「三善清行図」……柳斎重春画『扶桑皇統記図会』後編六。写真＝同前より

・遺文Ⅳ「釈奠の宴座」……写真＝京都産業大学図書館所蔵『釈奠之図』より

・遺文Ⅴ「恒貞親王尊像」……京都・大覚寺所蔵。写真＝大覚寺教学部より

以上の所蔵者・提供者など関係各位に対して、感謝の意を表します。

序論　三善清行の略歴と集成遺文の要旨

三善清行の名前は、現行の高校教科書でも大半に「意見封事十二箇条」の上提者として記されるが、ほぼ同時代の菅原道真（八四五～九〇三）ほどには知られていない。よって、その経歴を辿りながら、集成した遺文の要点を紹介しよう。

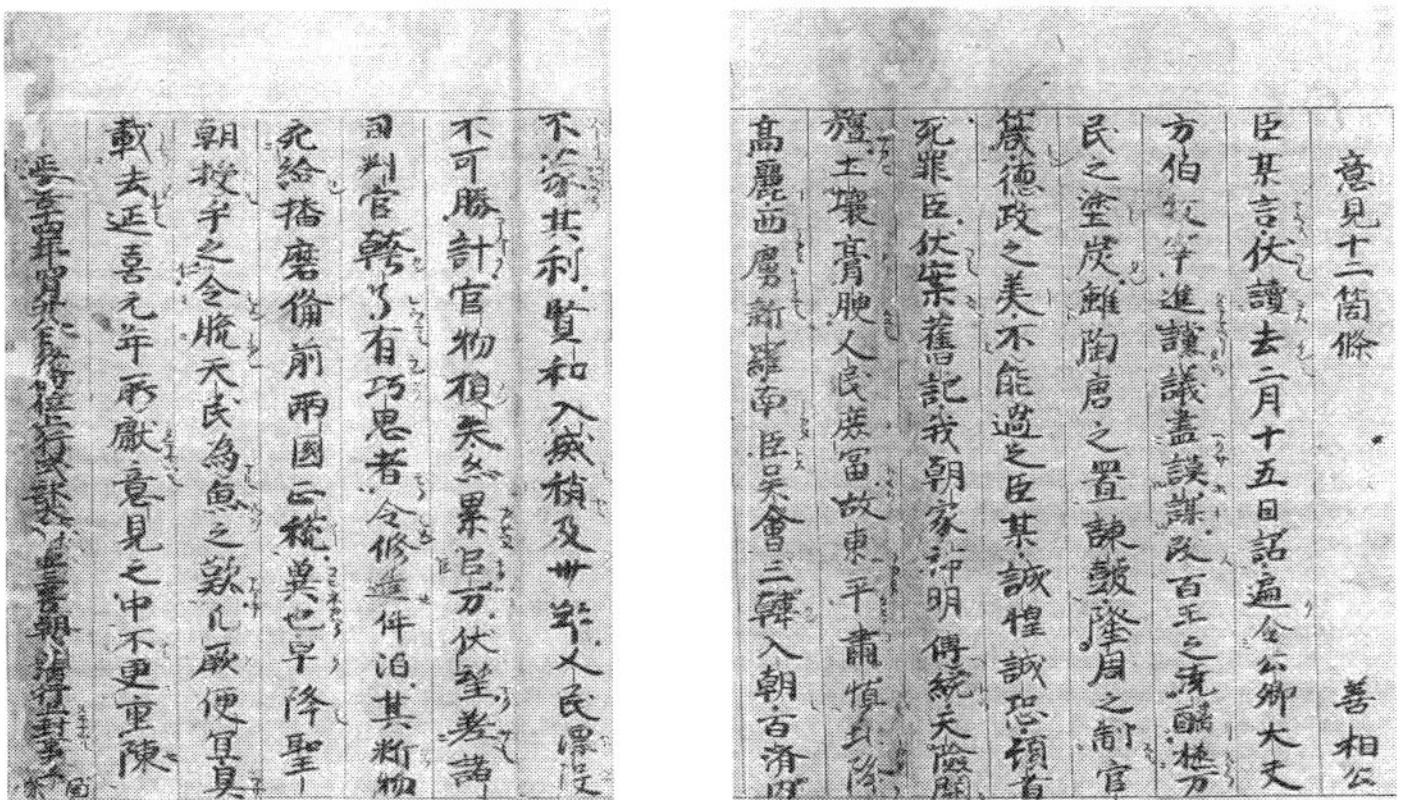

『本朝文粋』巻二「意見十二箇条」巻首と末尾

一　出身と修学

清行（きよゆき。古来きよつらとも訓む）は、承和十四年（八四七）、父三善宿祢氏吉と母佐伯氏の間に生まれた。この三善氏は漢族系帰化人の流れを汲み、平安初頭の平城・嵯峨天皇朝ころ後宮の中に出身者が散見する。

父の氏吉は、仁明天皇朝の皇太子恒貞親王に東宮坊官として仕えていたが、承和九年（八四二）、その廃太子事件により、氏吉も一たん配流された。しかし、三年後に帰京して、十二年後（天安元年）ようやく外従五位下に叙され、二年後（貞観元年・八五九）、島国の淡路守に任じられたものの、在任中に卒去している。

このような余り恵まれない下級官人の家に生まれた清行は、学問を身につけ文才で出世する道を歩むほかなかった。晩年の随筆『詰眼文』（遺文⑫）に「吾、研精に志あり。また禄を干《もと》めんことを思ひ……深く縑緗（書籍）の幽を究め、終に青雲（官位）の上を期す」と述懐している。

事実、父の卒後、貞観五年（八六三）に数え十七歳で大学寮に入り、十年後（八七三）「文章生」に補されて、その翌年、二十八歳で「文章得業生」に選ばれた。当時すでに詩文の才を認められ、貞観十五年＝元慶元年（八七七）二月、大学寮で行われた釈奠（孔子とその門人を祀る祭儀）で『論語』の講筵に列して「詩序」（遺文⑭の㋑）を書き、「これを学ぶ者は智明らかにして、洞穴に暗なきが如し」と強調している。

また元慶三年（八七九）十月、三年前に焼失した大極殿（大内裏朝堂院の正殿）の再建落成祝賀の大宴会において「詩序」（遺文⑭の㋺）を書く栄に恵まれ、右大臣（まもなく太政大臣）藤原基経の功績を賞賛している。

こうして研鑽を積んだ清行は、元慶五年（八八一）四月、三十五歳で官吏登用の国家試験「方略試」を享けた。しかし、二歳上の文章博士菅原道真の策問二題（「音韻の清濁」と「方技の長短」）への解答が、一たん不合格とされ、二年後に改判して及第となった。後に両者の関係が難しくなるのは、この辺に起因しているかもしれない。

二　文人官吏から備中介

その翌年（八八四）正月、初めて「大学少允」（判官）に任じられた。ついで二年後の仁和二年（八八六）正月「少内記」に移って、まもなく文章得業生藤原春海の方略試の問頭博士を務め、儒教的な天人相関思想の立場から「神祠を立つ」（遺文①）と題する策問を出すなど、文人官吏の実務に励んでいる。翌年（八八七）正月、四十一歳で「従五位下」に叙されて、貴族身分の入口に立ち、まもなく大内記に昇任するに至っている。

ただ、同三年八月に光孝天皇から皇位を譲られた宇多天皇と摂政太政大臣藤原基経との関係が難しくなった。それを宥和するため、十一月に天皇が基経を「万機に関り白す」関白に任命し、それを古代中国の「阿衡」になぞらえる詔書を下された。すると、それを起草した橘広相《ひろみ》を警戒する基経側で「阿衡」に具体的な「典職」がないと反発して政務をボイコットしたため、間に立った左大臣源融が識者に意見を求めた。その際、翌四年（八八八）五月、左少弁藤原佐世と少外記紀長谷雄と大内記三善清行の三名で二回も提出したのが「阿衡勘文」（参考遺文㋑）である。

この勘文は、漢籍を多く引きながら、「阿衡は即ち三公の官名」で「三公には典職なし」とみられるから「阿衡……なんぞ典職あらん」という基経側に有利な証言である。そのため、宇多天皇は心ならずも「阿衡を引くは……朕の本意に乖《そむ》くなり。……」という改詔を下され、終幕をはかっておられる。

しかし、三年後の寛平三年（八九一）年五月、関白基経（五十六歳）が薨去すると、宇多天皇（二十五歳）が菅原道真（四十七歳）などを積極的に登用して親政（いわゆる寛平の治）を展開された。そのころ清行（四十五歳）は「八男浄蔵」に恵まれたが、すでに「白髪満顔」（遺文⑬のㇲ）であり、二年後の寛平五年（八九三）正月、「備中介」に任命され、四年余り京都を離れなければならなくなった。

それは一見〝左遷〟と感じられたかもしれない。しかし、五十歳前後の清行が、備中に赴任して様々の困難（疫病の流行、郡司らとの確執、愛児の夭逝など）に直面したことは、その視野を広め見識を深めるのに貴重な体験となったにちがいない。その大きな成果が後年（九一四）上奏された「意見封事十二箇条」（遺文⑦）に盛り込まれている。

三　菅原道真との関係

寛平九年（八九七）に帰京した清行（五十一歳）は、しばらく官職に恵まれなかったが、昌泰三年（九〇〇）五月、五十四歳で待望の文章博士（文章道の教授）に任じられて、早速『史記』を講述し、翌四年（九〇一）三月、大学頭（大学寮の学長）を兼ねている。しかも、この前後に、時務の建策を積極的に行っている。

すなわち、まず昌泰三年の十一月十一日、「菅右相府（菅原道真）に奉る書」（遺文②）を呈した。この中で、自分は「天道革命の運」や「君臣剋賊の期」を予見することができ、「明年辛酉」が変革の運に当り「二月建卯」に「干戈」を動かすことになる恐れであるから、異例の栄進をとげた「尊閤」（道真）は「その止足を知り、その栄文を察し」て、事前に右大臣の職を辞されたらよい、と勧告している。

これは分を超えた大胆な辞職勧告であるが、清行は何故このような事を敢てしたのだろうか。好意的に解釈すれば、同じく学問で身を立て世に出た文人官吏として、辛酉革命説から予測される危機を未然に回避するため、親切に忠告をしたのかもしれない。

しかしながら、前述のごとく、清行は方略試の際に一たん不合格とした道真を快く思っていなかったであろうし、また阿衡紛議の際も、清行は藤原佐世・紀長谷雄と共に基経側の主張を勘申し、宇多天皇を擁護する道真と立場を異にしている。さらにこの当時、宇多天皇（三十四歳）の絶大な信頼をえて、若い左大臣藤原時平（三十歳）を凌ぐ政治力をもった右大臣の道真（五十六歳）への反発を強める時平グループと、清行が無関係であったとは考え難い。この後、辞職勧告を受けたにも拘らず聴き容れない道真は、何か陰謀を企んでいるらしい、との疑いをかけられて、翌年（九〇一）正月、急に大宰権帥として宮廷から追放される、という悲劇を招くことになったが、その誘因のひとつは遺文②にあるとみられる。

ただ、同年の二月九日、清行は「左丞相（藤原時平）に奉る書」（遺文④）を出している。その主旨は、道真に師事した「内弟子、諸司に在る者、左遷せらるべし」とか「その文章生・学生・皆放逐せらるべし」という噂も流れているが、道真は「累代の儒家、その門人弟子、諸司に半す」ほどだから、「もし皆遷滴すれば、恐らく善人をも失」うことになろう。それゆえ、道真の「家司近親」などであっても「同謀凶党の人に非れば、みな転動すること無く、示すに（基経の）仁厚を以てせられよ」と寛大な措置をとるよう進言したのは、文人官吏の立場にある清行として、訴えざるをえなかったことだと思われる。

四　辛酉革命改元の提唱

さらに、この前後、清行としては遺文②で指摘した辛酉革命説を用いて実現させなければならない、と考えたことがある。それは、まず、②の十日後（昌泰三年十一月二十一日）に提出された「改元して天道に応ずることを請ふ状」（遺文⑤）、さらに⑤の二十三日後（同四年三月十四日）に出された「改元を請ふ議」（遺文⑥）などにより、繰り返し主張した「辛酉改元」にほかならない。

その論旨は多岐に亘るが、最も詳しい⑤では、中国伝の緯書、とりわけ『易緯』（しかも鄭玄の注）によれば、この昌泰四年辛酉（九〇一）こそ「大変革命の年に当る」こと、しかも去年の秋から「彗星」や「老人星」が現れたのは「旧を除き新を布く象」「聖主長寿、万民安和の瑞」とみられること、かつて「天平宝字九年（七六五）（その前年に）逆臣藤原仲麿を誅し、即ち改元し天平神護とな」した「先代の恒典」もあることを主な理由にあげ「改元して天道に応ずる」ように奏請している。

この⑤の（イ）で「六甲（60年）を一元となし、四六二六相乗じて（60年の四倍・二倍で）、七元三変あり、三七相乗じて、二十一元を一蔀を為す（60年×3×7＝一二六〇年）」と記しながら、「合せて千三百二十年」と続けているのは何故か、古来いろいろ議論されている。

問題は、その「四六二六の変」を『日本紀』で検証したかのように例示しながら、神武天皇の即位元年辛酉（BC六六〇）より斉明天皇の「七年（実は六年）庚申年」（AD六六〇）までを「合せて千三百二十年すでに畢んぬ」とした後、「一蔀の首」として斉明天皇が「七年辛酉秋七月崩じ天智天皇即位す」とし、それから「四六（60年×4＝二四〇年）で「今年辛酉（昌泰四年（九〇一）なり」としていることであろう。これによって、今年こそ天智天皇の初めより二四〇年ぶりの「大変革命の年に当る」ことを強く印象づけ、辛酉改元の必要な論拠にしているのは、強引すぎるといわざるをえない。

とはいえ、この後（五月十三日、実は三月十四日）あらためて⑥「改元を請ふの議」を出した結果、七月十五日、中納言紀長谷雄の勘申案に基づき「延喜」と改元された。その「改元詔書」（続群書類従・公事部『改元部類記』所引）に「去歳（九〇〇）の秋、老人（星）寿昌の輝を垂る。今年（昌泰四年）の暦、辛酉革命の符」に当ることを理由に明記しているので、清行の再三にわたる奏請（特に遺文⑤）が採用されたことは明白といえよう。

しかも、これが初例となって、幕末の「文久」改元（一八六一）まで、（三回の例外を除いて）辛酉の年ごとに改元されている。その際に清行の援用した『易経』や『開元暦紀経』などよりも、「清行の術数」「善家の秘説」に依ること自体が重要な論拠とされている。

五　記録的な「円珍和尚伝」

五十五歳の清行は、「延喜」改元を熱心に提唱した。それが彼の主張理由を採って実現されたことにより、醍醐天皇朝の宮廷社会で、文人官人としての地歩を確立した。現に菅原道真が京都を去って間もなく、文章博士と兼ねて大学頭に任じられている。

この改元直後の八月二日、六国史の最後となる『日本三代実録』が撰進された。その序文などによれば、編纂事業は宇多天皇の寛平四年（八九二）から始まったが、代表者源能有の他界により停滞していた。それがまもなく醍醐天皇のもとで再開され、引き続き左大臣の道真も編纂員に列ねていたが、「事に坐して左降され」たので、結局、左大臣藤原時平と大外記大蔵善行の連署で捧呈されている。ただ、坂本太郎博士の推測されるごとく、「実質的な完成は道真在京時代」とみられるから、その失脚半年後に奏進されたのは、故意の引き延ばしかもしれない。

その編纂事業に清行は関与していないが、撰進直後の九月、左大臣時平の別邸「城南の水石亭」で催された「蔵外史大夫（大外記大蔵善行）の七旬（古稀）の秋を祝ふ」席に招かれている。善行は藤原基経の時から摂関家の侍講を務め、『三代実録』の編纂にも貢献した文人官吏の先輩である。祝意を表わすのは当然として、応教詩（遺文⑮の⑷）の結びに「靡くべし、相府（時平）篤恩深きを」と詠んでいるのは、当時の立場と心情を率直に示したものといえよう。

この左大臣藤原時平が積極的に政治改革を進めた延喜の初め数年間、清行は次々と昇進し多様な任務に精励している。すなわち、官位は延喜二年（九〇二）正月、正五位下に叙され、翌三年二月、式部少輔を兼ねた。ついで翌四年正月、従四位下に昇り、翌五年正月、式部権大輔に任ぜられるなど、順風満帆の感がある。

しかも、そのころ清行は、寛平三年（八九一）十月、七十八歳で入寂した円珍和尚の伝記（遺文⑩）を執筆し、延喜二年（九〇二）十月に仕上げている。これは十数年前から親交があり、円珍の弟子たちからも「和尚の遺美を著すべき者」と嘱目されていたからである。

具体的には、円珍の庵室があった比叡山東塔西谷の山王院に対して、京都の僧綱所（僧尼統轄の役所）から「寺家の記録を国史所に進むべし」との通牒が届くと、弟子の良勇が円珍の平生について記録を綴り、また鴻与が円珍の書き遺した文章を勘合し、さらに数名の弟子たちがいろいろ討論を加えてから、その概略を台然が記録した。そのようにしてまとめられた原稿を受け取った清行は、「和尚の遺志」に従い「筆を握りて涙を流すこと一字一滴。願はくば我、今日の実録を頼りて、他生の冥期を結ばん」との思いをこめて伝記を完成させたという。

この「国史所」は、清和・陽成・光孝の三天皇朝史を纏めた『日本三代実録』の後も、勅撰の国史を編纂するための役所が設けられていたことを示す。従って、宇多天皇朝に入寂した円珍の伝記も、「新国史」（「続三代実録」）の編纂史料として「公家《こうけ》」への提出をもとめられたのである。

その概要は、㈠円珍（俗姓和気公）が弘仁五年（八一四）讃岐で誕生し、比叡山へ登って修行を積み、嘉祥三年（八五〇）三十七歳で宮廷の内供奉十禅師に選ばれるころまでの前半生、㈡仁寿三年（八五三）四十歳で入唐し、各地を巡訪しながら高僧と交わり、天安二年（八五八）に帰朝するまでの求法巡礼期、㈢貞観の初め（八五九）から比叡山の山王院に住み、山麓にある園城寺（三井寺）の初代長吏を務め、同十年（八六八）延暦寺の第五代座主となってから、二十四年後に七十八歳で入寂するまでの後半生、㈣入唐中に膨大な経典を収集して将来し、帰朝後も経典の輸入と研究に努めた業績や、珍しい頂骨の容貌、寛大な性格と非凡な見識、および本伝の成立事情などが、公的な文章などを引用しながら、極めて正確に記録されている。

なお、ほとんどの伝本は、本伝の後に、歿後三十七年目の延長五年（九二七）十二月、円珍が「聖主」（醍醐天皇）から「法印大和尚位」を贈られ、「智証大師」の諡号を賜わった際の勅書と「門人賀書」などを加え、承久二年（一二二〇）の本奥書を載せている。

六　理想的な「藤原保則伝」

この『円珍和尚伝』から五年後の延喜七年（九〇七）二月、清行（六十一歳）は、もう一つ『藤原保則伝』（遺文⑪）を仕上げた。その現存本（群書類従など所収）には、巻頭と中程に欠文がある。

しかし、幸い残っている末尾部分の説明によれば、清行の内記時代（仁和年間）、官文庫で「元慶注記」（八七七～八九五年間の公式記録）を見て感嘆し、また備中介赴任中（八九三～八九七）「古老の風謡」を聴いて感動したので、還暦を迎えた今、「粗《あらあら》知る所を述べ、此の実録を成し」たという。

これは漢代に司馬遷が晏子（春秋時代の斉の宰相）の伝記を著して心の糧としたように、自分も尊敬する保則の伝記を書き、「貞を行ひ、志を立て」るよすがにしたい、と発意したことがわかる。

その概要は、欠失した巻首部分に、天長二年（八二五）藤原南家に生まれてから治部・民部や兵部・式部の少丞を歴任した前半生が、貞観八年（八六六）四十二歳から十年近く備中と備前の国守として治績をあげ、同十八年（八七六）帰京して検非違使兼民部大輔、まもなく右中弁に任じられたこと、ついで元慶二年（八七八）に蝦夷の反乱が起こると、出羽権守に抜擢されて現地へ赴き、善政に努めて彼等と和解し、二年後に帰京したこと、さらに同六年（八八二）、六十歳近くで讃岐守に転出し、五年後の仁和三年（八八七）には大宰府へ大貳として赴任、どこでも領民に親しみ敬われたことが克明に描かれている。

それから四年後、宇多天皇の親政が本格化した寛平三年（八九一）〇〇左大弁、翌年には参議に任じられ民部卿を兼ねたが、同七年（八九五）七十一歳で卒去したことなど、晩年の五年近くは写本欠失している。ただ、最後に保則の人柄と執筆の事情などは記されている。

この『藤原保則伝』には、前述の『円珍和尚伝』以上に、具体的な逸話が会話体などで随所に活用され、平安当時の理想的な〝良吏〟像が描かれており、伝記として面白い。つとに川口久雄博士も、「平安朝前期漢文学が形象した文学のうち、もっともすぐれたものの一つであり、『将門記』の系列につらなって一つの新しい文学のジャンルをうみだそうとする注意すべき作品」と高く評価しておられる（『平安朝日本漢文学史の研究』）。

七　代表作『意見（封事）十二箇条』

清行は還暦前後から十余年間、宮廷社会で公的な活動をする機会に恵まれた。その一つが延喜五年（九〇五）から始まった『延喜格』『延喜式』の編纂事業に従事したことである。

この『延喜格』（全十二巻）の編纂には、左大臣藤原時平のもと、大納言藤原定国、文章博士三善清行、民部大輔大蔵善行、明法博士藤原善経らがあたり、早くも二年後の同七年（九〇七）十一月に撰進されている。その時の「延喜格序」（参考遺文㊀）は、誰が書いたか明示されていないが、冒頭の「易に曰はく、天象を垂れて聖人これに則る。」とか、文中の「方今、千年の期運に膺り、百王の澆醨《ぎょうり》を承く」というような表現から、清行が起草したものとみて大過ないであろう。

なお、これと同時に『延喜式』（全五十巻）の編纂も、上記の時平・定国と清行・善行・善経らに、中納言藤原有穂以下七名も加えて開始された。しかし、『弘仁式』と『貞観式』を「併せ省き」「新式」と組み合わせて撰定する作業などに手間どり、清行の卒後十年目（延長五年）に、ようやく撰進されている。従って、編纂の実務には途中までしか関与していないが、大宝・養老以来の律令制度を運用する過程で出された膨大な格と式の全容を見直すことができたことは、有意義であったと思われる。

そのような経験だけでなく、すでに三十年近い文人官吏の実績をふまえて、当代の政治社会が抱える問題点を鋭く指摘し、対応策を具体的に提示できる見識を備えていたにちがいない。それを遺憾なく発揮したのが、清行の代表作として知られる「意見（封事）十二箇条」（遺文⑦）である。

ここにいう「意見」は、時の天皇が公卿や特定の官人などに忌憚のない所見を求められ、その書状を密封して上進すると、氏名を伏せて公卿の会議で検討されることになっていた。そのような意見の徴召は、宇多天皇の例を承けて醍醐天皇も何度か行われ、このたびは延喜十四年（九一四）二月「百世の澆醨（弊風）を改め、万民の塗炭（辛苦）を拯はしむ」ため、「封事を奉るべき詔書」を下されたのである。

そこで、当時六十八歳の清行は、老体に鞭打って全文約八八〇〇字の「意見」を纏め上げた。それを『本朝書籍目録』（政要）が「十三箇条意見　一巻」と記すのは、本論十二箇条の前の序論を一条と数えたからであろう（『政事要略』には「封事十二条」、また『扶桑略記』では「善相公意見之文」とするが、『本朝文粋』では「意見十二箇条」と称する）。

その序論には、前半で総論的に国家財政の衰退ぶりが説明され、また後半で具体的に「備中国邇磨郷《にま》」の人口激減状況が、指摘されている。共に数字をあげて変化を明示する論法は、やや強引ながら相当な説得力を有する。

十二条の本論は、内容的に類別すれば、(一)国司の地方行政に障害となる事象の除去を主張したもの(1)・(3)・(8)・(9)・(10)・(11)・(12)、(二)大学生や中下級官人の待遇是正を要望したもの(4)・(6)・(7)、(三)衣服や儀礼の華美抑制を提唱したもの(2)・(5)から成る。

このうち、過半を占める(一)をみると、まず(1)では、神祇官において五穀豊穣を祈願する毎年二月の「祈年祭」や六月と十二月の「月次祭」に供えられる幣帛・神酒を、諸国から来た祝部らが勝手に着服したり飲んでしまうから、今後は諸国の史生以上一人が祝部を共に受け取り国まで持ち帰らせるべきこと。また豊穣を祈禱するため毎年正月に営まれる吉祥悔過や三月と七月の仁王会も、食肉帯妻の破戒違律僧が多いから、今後は精進練行の者に限って用いるべきこと。それによって「水旱を消し豊穣を求むべき」だと訴えている。

また(3)では、毎年諸国から太政官に申告される「大帳」(計帳の総目)を調べると、百姓が大半不在なのに口分国が班給されているため、無主国を売り飛ばし租税を納めない不埒者がいる。今後は、厳密な戸口調査に基づいて班給し、無主国を没収して希望者に賃貸したらどうか、と提案している。

つぎに(8)では、京都から四年任期で諸国へ赴任する国司の責任者(守＝長官か介＝次官、「官長」とも「受領」とも称される)は、その下僚で実務を分掌する「任用の吏」(掾＝三等官・目＝四等官や史生・書生)が「私怨を結び、以て官長を誣告」したり、また「所部の民」(譜代世襲の郡司や有力農民など)が不正を犯しながら遂に「国宰を愁訴し……政理違法の由を訴ふ」ような事例が頻発している。すると、そのたびに「朝使」が派遣され、無実でも嫌疑の取り調べを受けると、「官吏」は国務が停滞し、権威も失墜してしまう。そこで今後は、無責任な告言訴訟に一々朝使派遣することを停め、任終時に厳しく調べて不与解由状で言上告発すればよい、と提案している。

続いて(9)では、毎年諸国で不正に課役(納税)を免除される「勘籍人」が三千人にのぼり、年々増大しているから、今後は国の大小で勘籍人数の上限を決め削減すべきだ、と主張する。また(10)では、諸国の検非違使に無能な者が不正に信じられているが、今後は明法道出身の優秀な学生を採用してほしい。海辺防備の弩師が有名無実と化しているので、今後は六衛府の宿衛舎人を充て任じてほしい。さらに(11)では、諸国の百姓が課役逃れのため勝手に私度僧と化す者が激増して群盗となり、国司の勘糾に反逆して国衛を襲う例すらあり、京中警備の六衛府舎人も郷国に帰り住んで「官長」を凌辱するような輩もいるから、これらの「凶暴を禁ずべき」と訴えている。

最後に⑿では、山陽道の瀬戸内海に沿った五泊のうち、政府が大輪田泊（現神戸港）のみ改修しながら、「魚住泊」（明石市魚住港）を放置しているため、毎年漂没事故が起きて官物の損失も多いので、直ちに修復すべきだと求めている。この件は「延喜元年に献ぜし所の意見」でもあるが、あえて再び実行を迫ったのは、備中往還に実見し痛感していたことだからであろう。

次に（二）のうち、まず⑷「大学生徒の食料を加給すべき事」では、学問して身を立てようと志す大学寮生の多くが生活に困窮しているので、伴善男の没官田を「勧学田」として、その田租を学生の食料に充てると共に、学生たちを学寮に住ましめてほしい、と要望している。

また⑹「旧に依り判事員を増置すべき事」では、刑部省の判事について、削減されてきた定員を元に戻し、全員（六名）大学寮の明法道出身者を採用してほしい、と要望している。これは⑷と同様、大学頭（学長）経験者として学生の生活と就職を改善したい、という切実な思いの現れであろう。

さらに⑺「平均して百官の季禄を充給すべき事」では、春秋二季に出勤日数によって支配されるべき「季禄」が、上級官人の公卿（閣僚クラス）や出納関係の諸司には配られながら、四位以下の中下級官人には五・六年間も出されていない、という不公平な現状を批判し、「公卿・百官、一同に給す」べきだと主張している。

これも当時「従四位下・式部大輔」の清行自身にとって、切実な問題の一つだったのであろう。ちなみに、この翌年（延喜十五年）十一月には、清行から左衛門督中納言藤原定方に奉った書（遺文⑧）でも、「穢に依り新嘗会を停止」されたけれども、「優恩として、其の見参に随ひ（参列扱いにして）禄を給する」よう求めている。

更に（三）のうち、⑵「奢侈を禁ずべき事」では、当時の上流社会において甚しく風紀が乱れ、とくに律令社会の身分秩序を表す衣服が男女とも贅沢になっているから、検非違使に厳しく取り締まらせるべきこと、また仏事の供養についても浪費を禁じ、僧侶の行き過ぎた酒饌を誡めるように求めている。

これは(5)「五節の妓員を減ずべき事」でも同様であって、毎年十一月の新嘗祭節会に奉納される「五節の舞」の舞姫（四人）を貢進するのに、貴族たちが競って「財を尽くし産を破る」ような状況を改めるため、良家の未婚女子二人を常置の「五節の妓と為し」時服も月料も支給するよう提案している。

このような華美抑制策は、一見些細なことに思えるかもしれないが、儒教的な政治観では、人の上に立つ者が節約の範を示すことに意味があったのである。そのため、たとえば『政事要略』では「糺弾雑事」の一つに「男女衣服、幷びに資用雑物等の事」という項を設け、『日本紀』や格・式を引き、平安前中期に次々出された禁制関係文書が三十通以上も列挙されている。

その中に、この意見封進から三年後の延喜十七年（九一七）十二月二十五日「参議従四位上守宮内卿三善朝臣清行」（七十一歳）の提出した「深紅の衣服を禁ずることを請ふ奏議」（遺文⑨）がある。論旨は意見(2)よりも詳しく、男女の衣服に超高価な濃い紅花を濫用する弊害が天災より甚しいと批判し、公卿も嬪御も禁令遵守を率先実行するよう求めている。

以上のような「意見（封事）十二箇条」は、それから三十年後の天暦八年（九五四）に村上天皇の詔命を承けて、三年半後（天徳元年）に右少弁菅原文時（道真の嫡孫）より上呈した「封事三箇条」にも、また約二二〇年後の保延元年（一一三五）に式部大輔藤原教光が鳥羽上皇の諮問に応じて上申した『勘文』にも、大きな影響を与えている。ただ、これらはいずれも、『本朝文粋』巻二に収められており、現実的な時務策としてよりも、宮廷貴族の代表的名文としての評価が高い。

八　『詰眼文』と『善家秘記』

清行の遺文は、Ⅰの大半を占める文人官吏としての建議とか、Ⅱのような私淑し尊敬する先達の伝記だけでなく、意外なほど面白いⅢのような随想二篇がある。

まず『詰眼文』（遺文⑫）は、延喜十三年（九一三）冬、六十七歳の作品で、老境の実状と心情をユーモラスに綴っている。「心いまだ耄乱せざるも、眼すでに昏朧。文、属する所ありと雖も、筆、書する能はず。……手は振ひて持つこと能はず。足は倭えて歩むこと能はず。耳は聾いて聴くこと能はず。歯は蠹《むしば》みて食ふこと能はず。」というのは、かなり誇張しているにせよ、後期高齢者の私には共感同情できる。しかも、その「心の神」が「眼の神を詰る」という軽妙な対話を展開しながら、世渡りの下手なことを自嘲して、次のように本音を語っている。

進んでは卿相の館に赴き、其の才名を衒ふ能はず。退きては奥寵の人に媚びて、其の推薦を求むること能はず。徒《いたずら》に白屋の中に居て素主（孔子）の余業を守り、箪瓢の食を糟粕の遺文を翫ぶ。……

この清行が若いころから興味をもっていた不思議な話を最晩年（延喜十八年）に纏めたものが、『善家秘記』（遺文⑬）である。完本は伝存せず、今のところ諸書に引載された逸文の七話しか知ることができない。それを大別すれば、（一）父氏吉から聴いたり赴任先の備中で知りえた話（あ・いとか）、および（二）主に京都の宮廷・市中で聴き知った話（う・え・お。きは（一）かもしれない）に分けられる。

まずあの(1)は、「先君」三善氏吉が貞観二年（八六〇）淡路守として赴任した二年後、疾病で危篤に陥った際、よく鬼を見て人の死生を知るという阿波国より来た一老婆から、裸の鬼が椎を持ち氏吉の病床へ来たけれども、清行の「氏神」と見られる大夫が鬼を追い返してくれたので、平安になれたことを教えられた。しかし、同六年（八六四）正月、再び病気になったので老婆を呼んだけれども、氏神の大夫が現れ、「此の人（氏吉）の運命、すでに尽く」と云い、その数日後に氏吉は卒去したという。

また㋐の⑵でも、寛平五年（八九三）、清行が備中に赴任して数十日後、疾病発生のために死没者が続出し、「弟清風」の男児も「門人源教等」も数日間で亡くなった際、よく鬼を見るという小田郡より来た一優婆塞から、椎を持った鬼が清行の「待児の首を打つ」と教えられた。すると、清行に近侍していた小児の源教が熱を出し頭病を訴えたので、ねんごろに祈禱したところ、鬼が離れ去って源教は元気になった。けれども、その鬼は賀陽豊仲の家に逃げ込み、その一家で疾病を発したという（別の鬼の話は省く）。

なお、その末尾に「この事、迂誕と雖も、自ら視る所」だから「之を記す」が、おそらく後代の人は「余を鬼の董孤と為さん」と、わざわざ断っている。

つぎに㋑では、備中介の清行を悩ませた在地勢力の賀陽良藤は「銭を以て備前少目と為り」、兄の豊仲は賀陽郡の大領、弟の豊蔭は統領、もう一人の豊恒は吉備津彦神社の祢宜、良藤の男児忠貞は左兵衛志になるなど「皆豪富の人であった。しかし、その妻が「淫にして」京都へ出奔すると、良藤は「忽ち心神に狂乱を覚」えて奇妙な言動をとり、急に姿を消してしまった。ところが、蔵の下から出てきて不可思議な蘇生譚を語るので、よく調べてみると、蔵の中から逃げ去った「霊狐の妖惑」の仕業であり、彼を救った優婆塞は「観音の変身」だと判った。それから良藤は「恙無く十余年」生き延び「年六十一にて死す」に至ったという。

さらに㋕は、淀川に架かる「山崎の橋」について、天平年間に行基菩薩、また承和年間に朝廷の造った橋が流失してしまい、舟で往還するのに溺死者が多いため、斉衡元年（八五四）ころ「先君」（氏吉）が「此の橋梁に依りて、其の陰徳を立てん」とした。そこで、摂津国武庫山の「高僧延寿」の教えを仰ぎ、近くの宝山寺に十一面観音像を造ったところ、そこに現れた一老翁の導きにより、一年足らずで立派な橋梁を造立することができ、この翁は「観音の化身なり」とみられる。清行は当時まだ八歳前後の少年であったから、これは父氏吉から聴いた話のひとつであろう。

一方、㈡の三話（㋒・㋓・㋔）は、清行が宮廷内外で見聞きしたことであろう。とくに㋓の後半に記す寛平四年（八九二）八月の「遍く諸宗の経に通ずる者を試（験）し、其の及第せるを度して僧と為せ」との勅により、自ら試経勅使を務めた時の体験談であるから、信憑性が高いといえよう。

九　祝宴などの詩文

文人官吏の道を歩んだ清行は、宮廷社会で様々の祝宴などに出て、漢詩や和歌を詠み、詩序や賀表も書いている。前述のごとく⑭の詩序は、⑭(イ)貞観十九年＝元慶元年（八七七）二月の釈奠講筵、(ロ)元慶三年（八七九）十月の大極殿落成式、(ハ)仁和元年（八八五）八月と推定される神泉苑の観月宴で、それぞれ作られたものである。また、⑮の⑴は⑭(イ)の時、⑵は寛平九年（八九七）秋、備中介の任終えて帰京する際、および⑹は延喜元年（九〇一）秋、大蔵善行の古稀祝宴、⑺は同十一年（九一一）九月、重陽宴で詠まれたことがわかる。

なお、大江匡房の『江談抄』（遺文⑮の⑶）によれば、菊花の宴において、清行が「酈県村閭皆富貨」云々と詠み、褒められるだろう思っていたところ、菅原道真は親友の紀長谷雄に、この詩は感心しないと評して退出した。そこで、気懸りな清行が建春門まで追いかけて道真に尋ねたところ、「富貨」の字を「潤屋」に作らないのが惜しまれると教えられたので、そのように改作したという。これは両者が微妙な対立関係にありながら、清行が道真の教示を受け容れる気持をもっていたことを示す。そして修練を積んだ清行は、延喜十二年（九一二）親友の紀長谷雄が亡くなるころから、最高の評価を受けるようになり、翌年正月の内宴では、醍醐天皇が「清行を召されて題を献ぜしめ」ておられる（『西宮記』所引「御記」逸文）。

ただ、漢詩の得意な清行が、和歌の才も優れていたかどうかは判らない。名歌が選ばれる『古今集』以下の勅撰和歌集に一首も入っていないから、おそらく得意でなかったかと思われる。もちろん、和歌を詠むのは、宮廷貴族に不可欠の教養であったから、詠めないはずはない。現に延喜四年（九〇四）八月から内裏で行われた大規模な『日本紀』の講書が終った二年後（六十歳）の竟宴で、欽明天皇紀をふまえて二首（遺文⑯）を詠んでいる。

その一首「ほとけ（仏）すら　みかど（帝）かしこみ　しらたへ（白妙）の　なみかき（浪掻）わけてき（来）ませるものを」というのは、有名な同十三年（五五二）十月条の「百済の聖明主……釈迦仏の金銅像一軀、幡蓋若干、経論若干巻を献る。……この妙法の宝……遠く天笠より爰に三韓に泊り……帝の国に伝へ奉り……畿内に流通す……」との記事を基に詠んだのであろう。

また、もう一首「とつへ（十丈）あまり　やつへ（八丈）をこ（越）ゆる　たつのこま（龍の駒）　きみ（君）すさめねば　をい（老）はてぬべし」というのは、同七年（五四六）正月条にみえる「良駒」が「壮に及びて鴻のごとくに驚り、龍のごとくに翥り……群を越えたり。……大内丘の壑（高市郡明日香村野口の中）を越え渡ること、十八丈（とおあまりやつえ）」との記事を基に詠んだものであろう。

さらに、清行の詩文で現存最後の名文として知られるのが、延喜十七年（七一七）十一月一日の「朔旦冬至（賀）表」（遺文⑰）である。その正月、清行（七十一歳）は、三善氏として初めての参議（左右大臣・大中納言につぐ公卿）に抜擢された。また五月には、宮内卿（諸王の任例が多い宮内省の長官）を兼任している。

しかも、同年の十一月一日（朔日）は、当時の太陰太陽暦で二十年目（満十九年に七回閏月を加えて太陽暦と一致させる）ごとに冬至の日と重なる「朔旦冬至」にあたる。それを章首（暦の始まり）として祝福する儀式が、日本でも桓武天皇朝ころから行われてきた。そのような好機に、公卿を代表して「賀表」を書く光栄に恵まれたので、「臣等、七天を聖徳に托し、方寸を明時に露す」と祝意を表わしている。

十　邸宅と戻橋

このように文人官吏から公卿にまで登った清行は、平安京のどこに住んでいたのだろうか。彼の遺文中にそれを知る手懸りは見あたらない。ただ、平安末期成立の説話集『今昔物語』に「三善清行の宰相、家渡の語」という意外な逸話がみえる。その要点を原文から抄出してみよう。

「今は昔、宰相三善清行と云ふ人ありけり。……万の事を知りて、やむことなかりける人なり。」と評される清行が、邸宅を捜して「五条堀川の辺に荒れたる旧家」を見つけた。ここは「悪しき字なりとて、人住まずして久しくなりにける」空家だったが、「善宰相、家無かりければ、この家を買ひ取りて、善き日（十月二十日）を以て渡らん（引っ越し）」として、「酉の時（夕方六時ころ）ばかり……車に乗りて……その家に行きにけり。」

ところが、その家は「五間の寝殿あり」とはいえ、「屋の体、立てけん世を知らず」という古い家で、「庭に大きなる松・楓・桜・常盤木など生ひ茂り、木ども久しくなりて樹神も住みぬべし。……寝殿によりて、中の階隠の間（格子）を上げさせて見れば、障子破れかかりて皆損じたり」という荒れ放題であった。

それでも、「宰相ただ一人、南向に眠り居たりに、夜半に……天井の（格子）組入……ごとに（数十八）顔あり。」しかし「宰相、それを見れども、騒がずして居たれば、その顔、皆失せ」てしまった。ついで「居丈三尺ばかりの女、檜皮《ひわだ》色の衣を着て、……髪の肩にかかりたる程の、いみじく気高く清げなり……赤色の肩をさし隠したる上より出でたる額つき、白く清げなり」という妖艶な姿で現れたが、「宰相、（顔）あからめもせず……あさましき者かなと見る程に、（女）塗籠に入りて戸を閉ぢ」た。

さらに「木暗き庭より、浅黄の上下着けたる翁……橋の許に寄り来て……しわかれ小さき声を以て「年来住み候ひつる所を、かく（清行が来て）居らしめ給へば、大きなる歎きと……愁へ申さんが為に参りて候ふ」と訴えた。それに対して清行は、「汝が愁へ頗る当らず、その故は、人の家を領する事は、（家主が）

次第に伝へて得ることなり。しかるを汝……人を脅して住ましめずして、押し居て領する、極めて非道なり。……汝は必ず天の責を蒙りなん」と厳しく叱り諭した。

するると、その翁（老狐）は「仰せ給ふ事、尤も逃るべき所なし」と納得し、「大学（寮）の南の門の東の脇」にある空地へ「四五十人（匹）ばかり」と共に引っ越して行き、それ以後この家は「住みける間、いささかにおそろしき事なくて」すんだので、「されば、心賢く智ある人の為には、鬼なれども悪事もえおこさぬ事なりけり」と結んでいる。

この説話により、中級官人の清行が「五条堀川の辺」にあった「荒れたる旧家」を安く買って住んだ可能性はありうる。江戸中期の寛延三年（一七五〇）に出版されたものながら、『中古京師内外地図』には、五条堀川の東側に「三善清行亭」とあり、その東隣に五条天神や江家文庫も記されている。

しかも、この近く（京都市下京区醒ヶ井通松原下ル東側）の醒泉小学校内に、昭和四十五年（一九七〇）三月、校舎新築記念として、「三善清行邸址」と刻んだ石碑（高114×幅18×奥行19㎝）が建てられた。京都市歴史資料館のホームページにも、「『意見封事十二箇条』を献じたことで有名な漢学者三善清行（八四七～九一八）は、化け物が出るとの謂われのある家を買って移り住み、化け物の出没にも動じずそれを追い払ったと伝えられる。この石碑は、その邸宅跡を示すものである」との説明を付け、石碑の写真も載せている。醒泉小学校は全面的改築のため現在更地となり、石碑も見られないが、五十周年の二年後（新元号二年・二〇二〇）までに再建されるという。

ところで、清行の邸第は、もう一ヶ所あったことがわかる。それは前掲の『中古京師内外地図』にも、現在左京区岡崎東天王町の岡崎神社の少し南隣に「善法院三昧院」と記され、また平安末期の『伊呂波字類抄』巻十に「善法寺〔東光寺の中〕。此の寺、もと延喜御宇の宰相、三善卿の華亭なり。終に基趾を改め、始めて道場（善法寺）と為す」と書かれ、さらに南北朝期の『空華集』巻十九には、「東白河の北」にある

「善法寺」は、「醍醐天皇の勅」により延長十六年（九一六）建てられたが、それは「宰相善氏清行の請」によるものだから、世間では「善家の香火」（菩提寺）とみていたことがわかる。

　そこで、私は五十年前（昭和四十三年十二月）、かつて善法寺（東光寺の中）があった所に近い岡崎神社の社務所広間で「三善清行卿千五十年祭」と記念の講演会をさせて頂いたことがある。この岡崎神社は、桓武天皇が延暦十三年（七九四）平安遷都の際、王城鎮護のため京の四方に建立された社の一つだと伝えられる。やがて貞観十一年（八六九）、播磨国の広峰（姫路市北方）から「祇園牛頭天王」（素戔嗚尊）等が、この「北白川の東光寺に移」されたので「東天王社」とも称する（『二十二社註式』）。この牛頭天王は、まもなく同十八年（八七六）、南方の感神院へ遷され（『伊呂波字類抄』）、それが現在の八坂神社である。その御縁により八坂神社から

三善清行の邸趾に近い岡崎神社の境内に建てた記念碑

紹介して貰い、岡崎神社を会場にできたのである。

しかも千百年祭を迎える今回は、同社の御諒承を賜り、本殿前隣（神楽殿脇）に、ささやかな石碑を建てさせて頂いた（製作木村石材）。その表面には、『扶桑皇統記図会』掲載の「三善清行図」の肖像を石版に刻み、裏面に簡単な説明文を加えた（写真参照）。これが「善相公」の名を末永く伝える一助となれば、と念じている。

最後に、清行は延喜十八年（九一八）十二月七日、七十二歳で卒去した。念のため『日本紀略』は「年七十三」、『公卿補任』は「七十五」とするが、遺文⑫『詰眼文』の冒頭に「延喜十三年（九一三）の冬、余年六十七」と自ら記すから、五年後の当年は七十二歳と考えてよい。ただ、命日を『公卿補任』は「十二月六日卒」、『日本紀略』は「十二月七日丙午……卒」とするので、『大日本史料』第一編之五も、延喜十八年十二月七日条に卒伝を立てているが、やゝ複雑な問題が残っている。

それは、平安後期成立の『扶桑略記』が「十（十一か）月二十六日、参議（宮内卿）式部大輔三善朝臣清行薨ず」としながら、「その子浄蔵、熊野に参詣す。路間、暗に父卿（清行）黄泉へ赴くべきを憶ふ。即ち中途より退き還る。（父）卒去以後、五箇日を経て加持の処、棺中より蘇生す。善相公再び活命を得て、子の為に礼拝す。運命に限り有り。七日を歴りて、十一（十二か）月二日、遂に以て世に即き、手を洗ひ口を漱ぎ、西に対して念仏して気絶す。火葬灰烙の中にその舌焼けず。〔已上、伝〕」という不思議な蘇生譚を「伝」（浄蔵和尚伝）から引いている。

この浄蔵は、寛平三年（八九一）父四十五歳の時に生まれた「八男」と伝えられる。延喜九年（九〇九）父と共に藤原時平邸へ病気平癒の加持祈禱に行ったり、また承平五年（九三五）平将門の調伏修法を行ったことでも知られる。従って、法力により父君を一時蘇生させるようなこともできたのであろうか。

ただ、『扶桑略記』の引く「伝」では、蘇生の場所を記していない。ところが、鎌倉後期の仏教説話集『撰集抄』巻六に、「浄蔵は……父の宰相公の、此の土の縁尽きて去り給ひしに、一条の橋のもとに行きあひて、しばらく観法して蘇生し奉られけるこそ、伝へ聞くも有がたく侍れ。さて其の一条の橋をば戻り橋といへるは、宰相のよみかへり給へるゆゑに名付て侍る。」と特定されている。

しかも、室町中期の仏教説話集『三国伝記』巻六「浄蔵貴所の事」では、さらに詳しくなる。大峯山で修業していた浄蔵は、両親に会いたくなって、ひそかに京内へ入り、「一条堀川の橋の辺」で会った喪送の車が、「善宰相殿……俄に薨じ給ふ程に、蓮台野（墓地）へ送り奉る」途上と聞いて驚いた。そこで、「今一度空しき御姿なりとも見奉らばや」と頼み、「御棺を開き……念珠を高くもみつゝ……魂魄今一度鬼に立ち帰り、其の姿を見せ給へ」と祈請したところ、「善相公……活かへり……親子終夜互ひに語り明し」たので、これ以後「彼の橋をば戻り橋とぞ名付け」たと説明している。

この「一条堀川」を渡る「戻橋」は、現在も平成七年（一九九五）に架け替えられ、近くの安倍晴明を祀

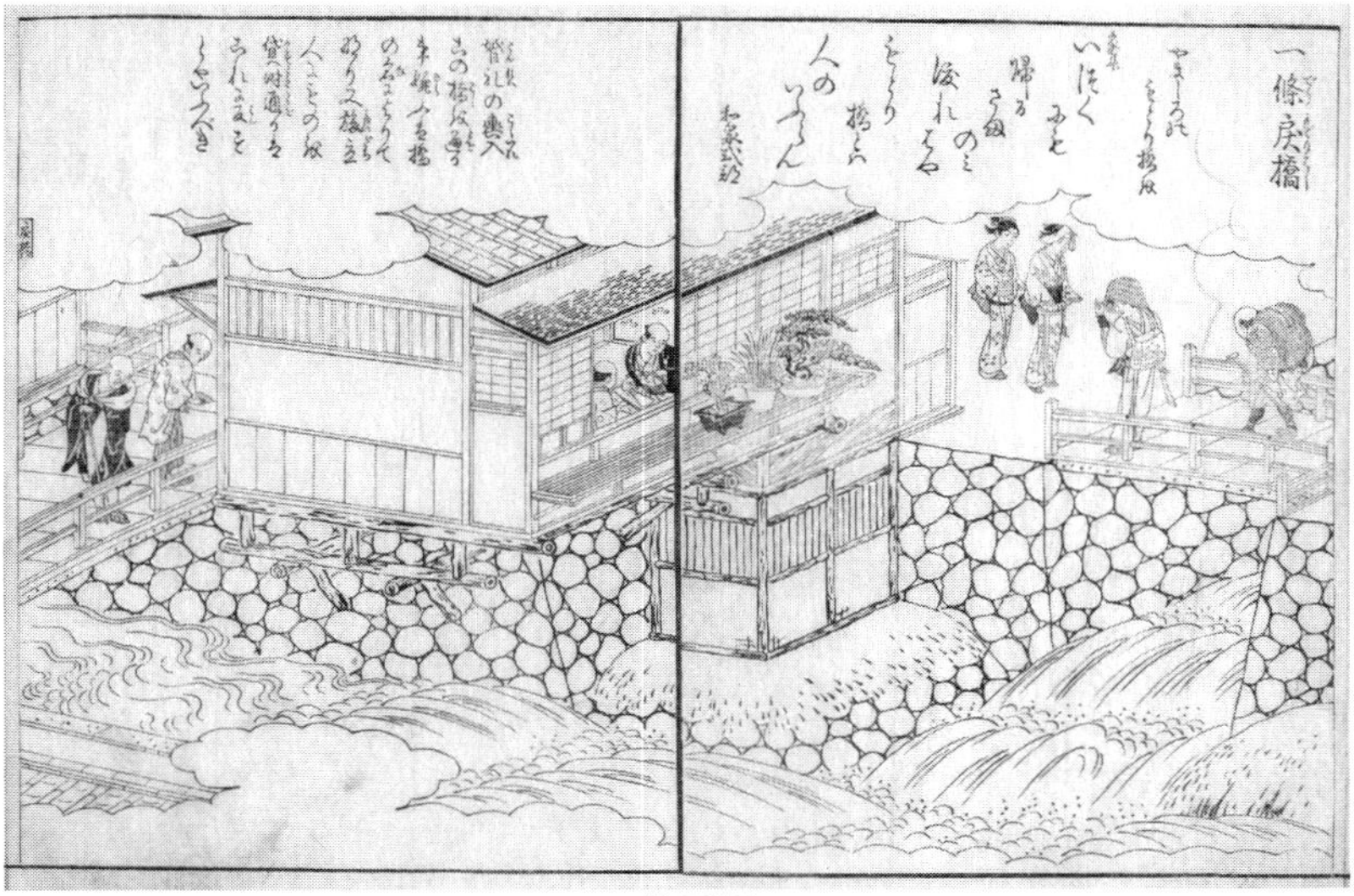

一条戻橋
（原図 『都名所図会』巻一）

る晴明神社に並ぶ観光スポットとなっているが、すでに江戸中期から『都名所図会』にも載っている。「戻橋」の由緒・伝承は、他にもいろいろあるが、このような清行・浄蔵父子の物語が最も古く、心温る思いが残る。

（平成三十年十月一日稿）

I

建議など

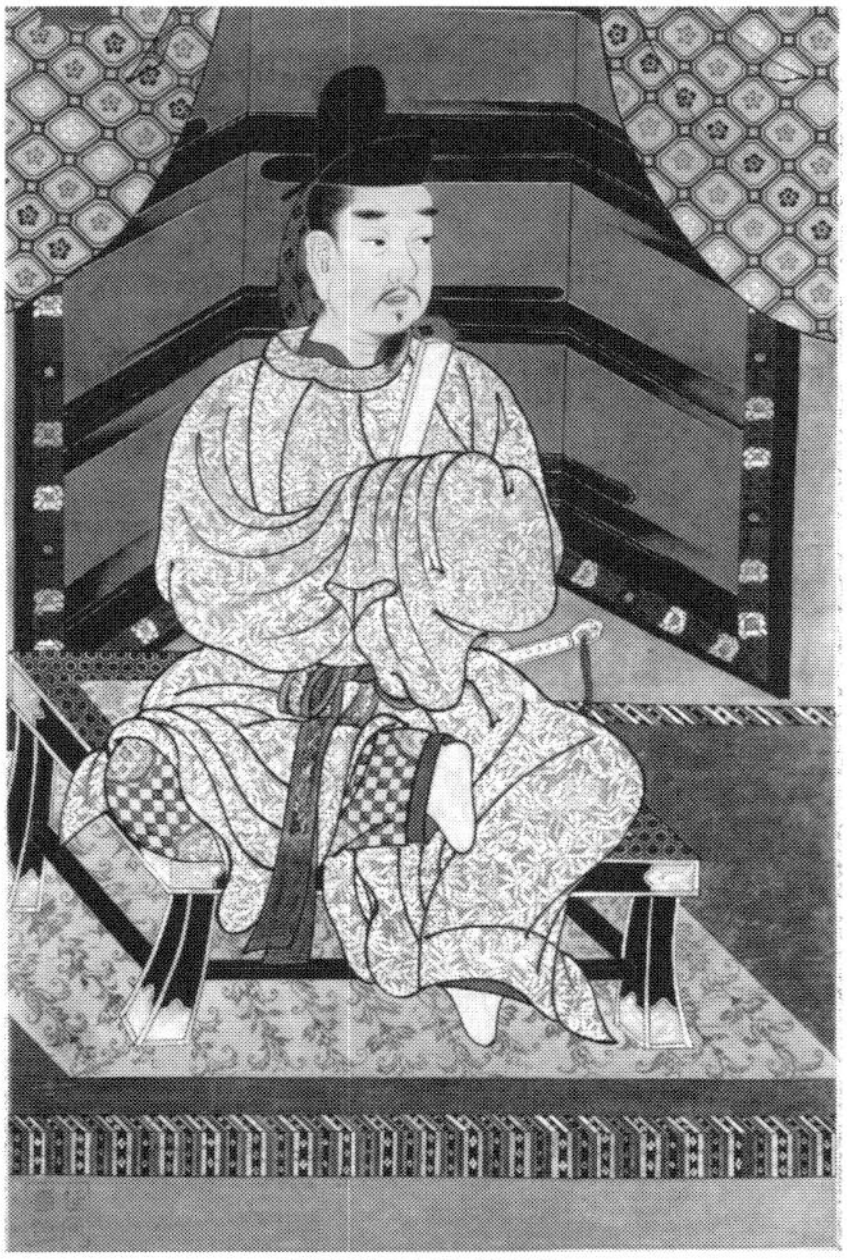

醍醐天皇御影
（原本、京都・醍醐寺所蔵）

① 立神祠

【本文】

立神祠

正六位上行少内記三善宿祢清行問

問。連山孕卦。殷薦之道形焉。大麓凝規。望祀之礼行矣。陳潢潦於鉶陶。則太帝饗其明徳。奠蘋藻於茅藉。則百霊観其粛色。洎乎祓神居莘。語土田之虚賜。癘鬼降宋。怒粢盛之不豊。海鳥避風。奏六変於鍾鼓。河魚析浪。薦九献於壇場。六百八十所。舞文之秩紛然。三万七千祠。乱神之禱欝起。夫以鬼神不歆非類之祀。則晋后応無入寝之夢。公侯必主因国之祠。則武子何蔑奪享之祟。磔狗而禜箕星。未弁止風之義。烹鷺而祭太一。安知求仙之徴。蘇嶺鹿門。定立何日。樊壇木景。指為誰神。若乃皇英者舜之賢妃也。節表斑竹。夷斉者周之廉士也。性潔寒氷。何以湘山之神。忽淫奔於庸賤之客。首陽之廟。常貪求於肥碩之牲。豈死生道殊。情状俄変。将古今年久。神意遂訛。子談高攓蓬。詞宏呵壁。佇開畳映。思銷紛蒙。

（新訂増補国史大系『本朝文粋』巻三・対冊）

【訓読】

神祠を立つ

正六位上行少内記三善宿祢清行の問

問ふ、連山は卦を孕み、殷薦の道形れり。大麓は規を凝し、望祀の礼行へり。潢潦を鉶陶に陳ぶ。則ち太帝その明徳を饗し、蘋藻を茅藉に奠く。則ち百霊その粛色を観る。泊かな祓神は莘に居り、土田の虚賜を語る。癘鬼は宋に降り、粢盛の豊かならざるを怒れり。海鳥は風を避け、六変を鍾鼓に奏す。河魚は浪を析《の》け、九献を壇場に薦む。六百八十所、舞文の秩紛然たり。三万七千祠、乱神の禱り欝起す。それ以て鬼神は非類の祀を歆《う》けず。則ち晋后まさに寝に入るの夢を無せんとす。公侯は必ず国に因るの祠を主《つかさど》る。則ち武子何ぞ享を奪ふの祟りを蔑《さげす》む。狗を磔して箕星を禁め、未だ風を止むるの義を弁ぜず。鷺（鷟）を烹《に》て太一を祭る。安んぞ仙を求むるの徴を知らん。蘇嶺鹿門、定立何日。樊《（柴）》壇木景《（申）》、指すに誰神と為さん。若し乃ち皇英は舜の賢妃なり。節は斑竹を表はす。夷斉は周の廉士なり。性は寒冰に潔し。何ぞ以て湘山の神、忽ち庸賤の客を淫奔す。首陽の廟、常に肥碩の牲を貪り求む。豈《あに》死生の道殊にし、情状俄に変ぜん。将に古今年久し。神意遂に誂す。子談じて蓬を攙《と》ること高し。詞は壁を踏むこと宏し。佇みて畳映を開き、紛蒙を銷《け》すことを思ふ。

※右の策文は仁和二年（八八六）五月二十六日の方略試で出題された。それに対する文章得業生正六位上越前少掾藤原朝臣春海の対策文は、『本朝文粋』同右所収。

② 奉菅右相府書

【本文】

奉菅右相府書

善相公

清行頓首謹言。交浅語深者妄也。居今語来者誕也。妄誕之責。誠所甘心。伏冀。尊閤特降寛容。某昔者遊学之次。偸習術数。天道革命之運。君臣剋賊之期。緯候之家。創論於前。開元之経。詳説於下。推其年紀。猶如指掌。斯乃尊閤所照。愚儒何言。但離朱之明。不能視睫上之塵。仲尼之智。不能知篋中之物。聊以管見。伏添槖籥。伏見。明年辛酉。運当変革。二月建卯。将動干戈。遭凶衝禍。雖未知誰是。引弩射市。亦当中薄命。天数幽微。縦難推察。人間云為。誠足知亮。伏惟。尊閤挺自翰林。超昇槐位。朝之寵栄。道之光華。吉備公外。無復与美。伏冀。知其止足。察其栄分。擅風情於煙霞。蔵山智於丘壑。後生仰視。不亦美乎。努力努力。勿忽鄙言。某頓首謹言。

昌泰三年十月十一日　　文章博士三善朝臣清行

謹謹上　菅右相府殿下〈政所〉

（新訂増補国史大系『本朝文粋』巻七・書状）

【訓読】

菅右相府（右大臣菅原道真）に奉る書

善相公

清行頓首謹みて言さく、交浅くして語深きは妄なり。今に居て来らむことを語るは誕なり。妄誕の責、誠に甘心する所なり。伏して冀はくは、尊閤（菅原道真）特に寛容を降したまへ。

某は昔遊学の次に、偸かに術数を習へり。天道革命の運に、君臣剋賊の期に、緯候の家、論を前に創め、開元の経、説を下に詳らかにせり。其の年紀を推るに、猶掌を指すが如し。斯れ乃ち尊閤が照らす所にして、愚儒何をか言はむ。但離朱が明も、睫の上の塵を視ること能はず、仲尼（孔子）が智も、篋の中の物を知ること能はず。聊かに管見を以てす。伏して櫜籥に添へむ。

伏して見れば、明年辛酉は、運変革に当る。二月建卯は、将に干戈を動かさむとす。凶に遭ひ禍に衝くこと、未だ誰れといふことを知らずと雖も、是れ弩を引きて市に射る、亦当に薄命に中るべし。天数幽微、縦ひ推察し難くとも、人間の云為、誠に知亮するに足れり。伏して惟みれば、尊閤翰林より挺でて、超えて槐位に昇りぬ。朝の寵栄、道の光花、吉備（真備）公が外には、復美を与にすること無し。伏して冀はくは、其の止足を知り、其の栄分を察し、風情を煙霞に擅にし、山智を丘壑に蔵さば、後生の仰ぎ視ること、亦美しからずや。努力努力。鄙言を忽にすること勿れと。某頓首謹みて言す。

昌泰三年（九〇〇）十月十一日

文章博士三善朝臣清行

謹み謹みて、菅右相府殿下の政所に上る。

③　預論革命議

【本文】

預論革命議

臣清行言。天道玄遠。聖人所以罕言。暦数幽微。緯候以之為誕。由是学之者若迂遠。伝之者似憑虚。端賜歎其難聞。君山疑其妄作。然而神経怪牒。雖蘊於蟫蠹之奥。易象文変。猶照爛於韋竹之編。故敢以蛍爝。仰添烏暉。臣某死罪々々、臣竊依易説而案之。明年二月。当帝王革命之期。君臣剋賊之運。凡厥四六二六之数。七元三変之候、推之漢国。則上自黄帝。而下至李唐。曾无毫釐之失。考之本朝。則上自神武天皇。而下至于天智天皇。亦無分銖之違。然則明年事変。豈不用意乎。伏惟。陛下。誠雖守文之聖主。既当草創之期数。故即位之初。遇朔旦冬至之慶。改元之後。頻呈寿星見極之祥。長星垂掃旧之象。衆瑞表照新之応。天数改運。人情楽推、既能昭彰於視聴之間。何遑仮託於占候之術。但変革之際必用干戈。蕩定之中。非無誅斬。何者帝王革命。此用易革卦之変也。案革卦離下兌上也。離為火。兌為金。々雖有従革之性、非得火則不変。故金火合体。上下相害。戕蕩之理已窮。君臣之位初定。国之不祥。无甚飛此。伏望聖鑒。予廻神慮。整励群臣。戒厳警衛。仁恩塞其邪計。矜荘抑其異図。廻青眼於近侍。推赤心於群雄。則封豕之徒。自然革面。食椹之美。終成好音。撥乱之時。垂其衣裳。即戎之運。鳴其環珮。豈不美乎。臣機祥難弁。霊憲易迷。献其丹款。雖望飲於白虎之樽。験其玉英。恐負責於黄龍之瑞。

清行誠恐誠惶。頓首謹言。

昌泰三年十一月廿一日

従五位上行文章博士兼伊勢権介三善宿祢清行

（新訂増補国史大系『本朝文集』巻三十一所収『革命』）

【訓読】

預め革命を論ずる議

臣清行言す。天道玄遠にして、聖人の罕言する所以なり。暦数幽微にして、緯候これを以て誕と為す。是に由り之を学ぶ者、若しくは迂遠なり。之を伝ふる者、憑虚に似たり。端賜、其の難聞を歎き、君山、其の妄作を疑ふ。然して神経怪牒、蟫蠹の奥に蘊ると雖も、易象爻変、猶韋竹の編を照爛す。故に敢て以て蛍爝、仰ぎて烏暉を添ふ。臣某、死罪々々、臣竊かに易説に依りて之を案ずるに、明年の二月、帝王革命の期、君臣剋賊の運に当れり。凡そ厥《そ》れ四六二六の数、七元三変の候、之を漢国に推せば、則ち上は黄帝よりして、下は李唐に至り、曽つて毫釐の失無し。之を本朝に考ふるに、則ち上は神武天皇よりして、下は天智天皇に至り、亦分銖の違も無し。然れば明年の事変、豈《あに》意を用ひざらんや。

伏して惟ふに、陛下（醍醐天皇）、誠に守文の聖主と雖も、既に草創の期数に当る。故に即位の初め、朔旦冬至の慶に遇ひたまふ。改元の後、頻りに寿星見極の祥を呈す。長星は掃旧の象を垂る。衆瑞は照新の応を表はす。天数は運を改め、人情楽推、既に能く視聴を昭彰するの間、何ぞ仮託を占候の術に遑あらんや。但し、変革の際、必ず干戈を用ふ。蕩定の中、誅斬無きに非ず。何となれば、帝王の革命、此れ易の革卦の変を用ひるなり。革卦を案ずるに、離下兌上なり。離は火を為し、兌は金を為し、金は革の性に従ふこと有りと雖も、火を得れば変ぜざるに非ず。故に金と火は合体し、上と下は相害し、戕蕩の理、已に窮り、君臣の位、初めて定まる。国の不祥、此を飛するより甚しき無し。
伏して望むらくは、聖鑒、予め神慮を廻し、群臣を整励して、戒厳警衛し、仁恩、其の邪計を塞ぎ、矜荘、其の異図を抑へ、青眼を近侍に廻し、赤心を群雄に推して、則ち豕の徒を封ずれば、自然に面を革めん。食椹の美、終に好音を成し、撥乱の時、其の衣装を垂れ、即ち戎の運、其の環珮に鳴く。豈美ならずや。臣、機祥弁じ難く、霊憲迷ひ易し。其の丹款を献ず。白虎の樽を飲むこと望むと雖も、其の玉英を験し、負責を黄龍の瑞に恐る。清行、誠恐誠惶、頓首謹言。

昌泰三年（九〇〇）十一月二十一日　　　従五位上行文章博士兼伊勢権介三善宿祢清行

④　奉左丞相書

【本文】

奉左丞相書

善相公

近日京中大小皆云。外帥門弟子。在諸司者。可被左転。其文章生学生。皆被放逐云云。由是人人悲哭。跼蹐而立。伏以。此事変転。未必殿下之本意也。但外帥累代儒家。其門人弟子。半於諸司。若皆遷謫。恐失善人。加之。悪逆之主。猶処軽科。況至于門人。唯請益受業而已。豈有知其謀乎。方今紛乱之間。擾攘之会宜立其陰徳。塞其怨門。若咎過多。則怨門且多。若寛宥大、則陰徳亦大。伏望。非衛府供奉。関戍兵要之職。家司近親。同謀凶党之人。則皆無転動。示以仁厚。又式部丞平篤行。此後進之英髦也。殿下屡称其才。頗有歳月焉。故雖編外帥之門徒。常感殿下之知己。而今乍聞此語。昼夜悲泣。若失此人。恐墜斯文。重望。賜其気色。私相寛慰。聊伝恩裕之旨。以繫才士之心。謹啓。

昌泰四年二月九日　　文章博士三善朝臣清行

謹謹上　左相府殿下〈政所〉

（新訂増補国史大系『政事要略』巻二十二・年中行事八月上）

（新訂増補国史大系『本朝文粋』巻七・書状）

【訓読】

左丞相（藤原時平）に奉る書

善相公

近日、京中の大小皆云はく、外帥（菅原道真）の門弟子、諸司に在る者、左転せらるべしと。その文章生・学生、皆放逐せらると云云。是に由りて人々悲哭し、跼蹐して立つ。伏して以ふに、此の事の変転、未だ必ずしも殿下の本意ならざるなり。但し外帥累代の儒家、その門人弟子、諸司に半す。もし皆遷謫すれば、恐らく善人を失はん。之に加へて《しかのみならず》、悪逆の主、なほ軽科に処す。況んや門人に至りては、唯請益受業するのみ。あにその謀を知ることあらんや。方今紛乱の間、擾攘の会、宜しくその陰徳を立て、その怨門を塞ぐべし。もし咎過多ければ、則ち怨門且つ多からん。もし寛宥大なれば、則ち陰徳亦大ならん。伏して望むらくは、衛府供奉し、関戍兵要の職、家司近親、同謀凶党の人に非ざれば、則ち皆転動すること無く、示すに仁厚を以てせん。又、式部丞平篤行、この後進の英髦なり。殿下屢ゝその才を称へ、頗る歳月あり。故に外帥の門徒を編むと雖も、常に殿下の知己を感ず。而るに今この語を聞き乍ら、昼夜悲泣す。もし此の人を失はば、恐らく斯の文を墜さん。重ねて望むらくは、その気色を賜はり、私相寛慰、聊か恩裕の旨を伝へ、以て才士の心を繋がん。謹みて啓す。

昌泰四年（九〇一）二月九日　　文章博士三善朝臣清行

謹謹　左相府殿下〈政所〉に上る。

【本文】

革命勘文

文章博士三善宿祢清行謹言

請改元応天道之状

合証拠四条

(イ) **一 今年当大変革命年事**

易緯云。辛酉為革命。甲子為革令。鄭玄曰。天道不遠。三五而反。六甲為一元。四六二六交相乗。七元有三変。三七相乗。廿一元為一蔀。合千三百廿年。春秋緯云。天道不遠。三五而反。宋均注云。三五。王者改代之際会也。能於此源自新如初。則道无窮也。詩緯云。十周参聚。気生神明。戊午革運。辛酉革命。甲子革政。注云。天道卅六歳而周也。十周名曰王命大節。一冬一夏。凡三百六十歳。一畢無有余節。三推終則復始。更定綱紀。必有聖人改世統理者。如此十周。名曰大剛。則乃三基会聚。乃生神明。神明乃聖人改世者也。周文王。戊午年決虞芮訟。辛酉年青龍銜図出河。甲子年赤雀銜丹書。而聖武伐紂。戊午日軍渡孟津。辛酉日作泰誓。甲子日入商郊。

謹案。易緯以辛酉為蔀首。詩緯以戊午為蔀首。依主上以戊午年為昌泰元年。其年又有朔旦冬至。故論者或以為。応以戊午為受命之年。然而本朝自神武天皇以来。皆以辛酉為一蔀大変之首。此事在□□未出之前。天道□□自然符契。然則雖有両説。独可従易緯也。又詩緯以十周三百六十年為大変。易緯以四六為大変。二説雖異。年数亦同。今依緯説。勘合倭漢旧記。神倭磐余彦天皇従筑紫日向宮。親帥船師。東征誅滅諸賊。初営帝宅於畝火山東南地橿原宮。辛酉春正月即位。是為元年。〔当於周僖王三年。斉桓公始覇。王会諸侯於鄄。事見史記表。〕四年甲子春二月。詔曰。諸虜已平。海内無事。可以郊祀。即立霊時於鳥見山中。其処号曰上小野榛原。下小野榛原云。〔是年。周恵王即位元年。斉桓公帥諸侯伐蔡。蔡潰。遂伐楚至召陵。責苞茅。此即桓公兵車第一之会也。〕

謹案日本紀。神武天皇此本朝人皇之首也。然則此辛酉可為辛酉革命之首。又本朝立時。下詔之初。又在同天皇四年甲子之年。宜為革令之証也。

(1)四六〔自神武天皇辛酉即位。至孝昭五十六年辛酉。二百四十一年也。〕

孝昭天皇五十六年辛酉。日本紀闕。〔秦懐公元年。又三晋分晋地。如小侯朝於晋。又楚簡王取莒。〕五十九年甲子。〔周威烈王元年。又趙桓子元年。〕

(2)二六〔自孝昭五十六年辛酉。至于孝安三十三年辛酉。六十年。〕

孝安天皇卅三年辛酉。日本紀闕。〔秦孝公始覇。天子致胙。〕卅六年甲子。〔斉威王強取諸侯。〕

(3)四六〔自孝安三十三年辛酉。至于孝元卅五年辛酉。百八十年。〕

孝元天皇卅五年辛酉。日本紀闕。〔漢呂太后崩。大臣誅諸呂。迎立文帝。〕

(4)二六〔自孝元卅五年辛酉。至于崇神卅八年辛酉。百廿年。〕

崇神天皇卅八年辛酉。〔漢宣帝神爵元年。〕卌一年甲子。〔宣帝五鳳元年。〕

(5)四六〔自崇神卅八年辛酉。至景行六十一年辛酉。百八十年。〕
景行天皇五十一年辛酉秋八月。立稚足彦尊為皇太子。是月。以武内宿祢為棟梁之臣也。摂行万機。〔当於後漢安帝建元元年。〕五十四年甲子秋九月。自伊勢国綺宮上京纒向。

(6)二六〔自景行五十一年辛酉。至于誉田卅二年辛酉。百八十年。〕
誉田天皇卅二年辛酉。〔前涼張軌自立為王。〕卅五年甲子。〔前趙劉天海自立為王。〕

(7)四六〔自誉田天皇卅二年辛酉。至允恭天皇元年辛酉。百廿年。〕
允恭天皇即位元年（十年カ）辛酉。〔宋高祖武帝劉裕即位。為永初元年。〕四年甲子。〔後魏大祖大武皇帝即位。〕

謹案史漢。雖一元之終。必皆有変事。而本朝古記大変之年。或無異事。蓋以文書記事之起。始于養老之間。上古之事。皆出口伝。故代之事変。応有遺漏。又允恭天皇以後古記頗備。故小変之年。事亦詳矣。案稚日本根子天皇二年辛酉春正月。天皇愁無継嗣。詔大伴室屋大連。冀垂遺跡。於是室屋大連。於播磨国伊奈来目小楯宅。得億計弘計二主。而馳駅聞奏。天皇愕然。悦曰。懿哉。天垂博愛。賜以二児。即使小楯持節喚上。五年甲子。天皇崩。弘計即位。推古天皇九年辛酉春二月。上宮太子初造宮於斑鳩村。事無大小。皆決太子。是年有伐新羅救任那之事。十二年甲子春正月。始賜冠位各有差。有徳仁義礼智信大小。合十二階。夏四月。皇太子肇制憲法十七条云云。〔是年隋文帝崩。〕然則本朝制冠位法令。始于推古天皇甲子之年。豈非甲子革令之験乎。

已上一蔀。自神倭磐余彦天皇即位辛酉年。至于天豊財重日足姫天皇六年庚申年。合千三百廿年已畢。

(8)一蔀之首。

天智天皇者。息長足日広額天皇之太子也。讓位於母天豊財重日足姫天皇。及舅天万豊日天皇。十一年間。猶為太子摂万機。爰与内臣中臣鎌子連誅賊臣蘇我入鹿幷入鹿父大臣蝦夷臣。又伐新羅救百済。存高麗服粛慎。天豊財重日足姫天皇七年辛酉秋七月崩。天智天皇即位。〔当大唐高宗龍朔元年。〕三年甲子春二月。詔換冠位階。更為廿六階。織縫紫各有大小。錦山乙亦有大小。大小中有上中下。建亦有大小。是為廿六階。其大氏上者賜大刀。小氏上者賜小刀。伴造等氏上者賜干楯弓矢。亦定民部家部。夏五月。大唐鎮百済将軍劉仁願使朝散大夫郭務悰等来進表幷献物。〔当於大唐高宗麟徳元年。〕

　已上革命。革令之徵。倭漢毫詳。不更具戴。

(9)四六

今年辛酉。〔昌泰四年也。〕

謹案。自天智天皇即位辛酉之年。至于去年庚申。合二百卌年。此所謂四六相乗之数已畢。今年辛酉当於大変革命之年也。又天智天皇以来。二百卌年之内。小変六甲。凡三度也。自天智天皇即位辛酉。至于日本根子高瑞浄足姫天皇養老五年辛酉。合六十年。其年五月。日本根子高瑞浄足姫太上天皇崩。然猶文武天皇不改元。至于七年甲子。初改元為神亀元年。其後六十年。天応元年辛酉夏四月。白壁天皇不予也。桓武天皇天応元年四月三日受禅。同日即位。十二月廿日。太上天皇崩。其後承和八年辛酉無異事。但承和七年庚申。淳和太上天皇崩。九年壬戌。嵯峨太上天皇崩。又廃皇太子。以文徳天皇為皇太子。其後六十年。至于今年辛酉也。但唐暦以後。無唐家之史書。仍不得勘合近代之事変。〈清行〉去年以来。陳明年当革命之年。至于今年徴験已発。初有知天道有信。聖運有期而已。

(ロ) 一　去年秋彗星見事

謹案漢晋天文志。皆云。彗体無光。伝日向為光。故夕見則東指。晨見則西指。皆随日光而指之。此除旧布新之象也。

(ハ) 一　去年秋以来老人星見事

謹案野王符瑞図云。老人星也。直孤星北地有一大星。〔普灼曰。□也。〕是為老人星。見則治平主寿。常以秋分候之南郊。〔見春秋元命苞。〕春秋運斗枢曰。機星得和平令万民寿。則老人星臨国。〔宋均曰。斗徳応於人者也。〕文耀鈎曰。老人星見則主安。不見則兵起。熊氏瑞応図曰。王者承天得理則臨国。晋武帝時老人星見。太史令孟雄以言。元帝大興三年老人星見。四年又見。令如此文者。老人星。聖主長寿。万民安和之瑞也。而今先有除旧之象。後有福寿之瑞。首尾相待。事験易知。

(二)一　高野天皇改天平宝字九年為天平神護元年之例

謹案国史。高野天皇天平宝字九年。誅逆臣藤原仲麿。即改元為天平神護。然則非唯天道之符運。又有先代之恒典也。当今之事。豈不仍旧貫乎。

臣伏以。聖人与二儀合其徳。与五行同其序。故天道不疾而速。聖人雖静而不後之。天道不遠而反。聖人雖動而不先之。況君之得臣。臣之遇君。皆是天授。曾非人事。義会風雲。契同魚水。故周文之遇呂尚。兆出玄亀。漢祖之用張良。神憑黄石。方今天時開革命之運。玄象垂推始之符。聖主動其神機。賢臣決其広勝。論此冥会。理如自然。若更存謙退。必成稽疑。欝此改元之制。抑彼創統之談。則恐違天意。還致咎徴。伏望。因循三五之運。感会四六之変。遠履大祖神武之遺蹤。近襲中宗天智之基業。当創此更始。期彼中興。建元号於鳳暦。施作解於雷散。〈清行〉機祥難弁。霊憲易迷。献其丹款。雖望飲於白虎之槽。験其玉英。恐負責於黄龍之瑞。臣〈清行〉誠恐誠惶。頓首謹言。

昌泰四年二月廿二日

従五位上行文章博士兼伊勢権介三善宿祢清行上

（群書類従・雑部『革命勘文』）

【訓読】

革命勘文

文章博士三善宿祢清行謹みて言す

改元して天道に応ぜんことを請ふの状

合せて証拠四条

(イ)一、今年大変革命の年に当るのこと

易緯に云ふ、辛酉を革命となし、甲子を革令となす、と。鄭玄曰く、天道は遠からず、三五にして反る。六甲を一元となし、四六・二六交相乗じ、七元にして三変あり。三七相乗じて、二十一元を一蔀となす。合して千三百二十年なり、と。春秋緯に云ふ、至道は遠からず、三五にして反る、と。宋均注に云ふ、三五は、王者改代の際会なり。能く此の際に於て、自から新たにすること初めのごとくなれば、則ち無窮に通ずるなり、と。詩緯に云ふ、十周して参聚し、気神明を生ず。戊午運を革め、辛酉命を革め、甲子政を革む、と。注に云ふ、天道は三十六歳にして周るなり。十周を名けて王命の大節と曰ふ。一冬一夏し、凡そ三百六十歳にして一たび畢り、余節あるなし。三推終れば則ち始めに復り、更めて綱紀を定む。必ず聖人あり、世を改め統理する者はかくのごとし。十周を名けて大剛と曰ふ。則ちまた乃ち三基にして会聚し、乃ち神明を生ず。神明にして乃ち聖人は世を改むる者なり。周の文王は、戊午の年、虞芮の訟へを決し、辛酉の年、青龍図を銜みて河に出で、甲子の年、赤雀丹書を銜む。しかして武王、紂を伐つに至り、戊午の日、軍孟津を渡り、辛酉の日、泰誓を作り、甲子の日、商郊に入る、と。

謹みて案ずるに、易緯は辛酉を以て蔀首となし、詩緯は戊午を以て蔀首となす。主上(醍醐天皇)、戊午の年を以て昌泰元年となし、この年また朔旦冬至ありしにより、故に論ずる者或は以為へらく、応に戊午を以て受命の年となすべし、と。然れども本朝は神武天皇より以来、皆辛酉を以て一蔀大変の首となせり。この事は文書のいまだ出でざるの前にあり、天道神事、自然の符契なり。然らば則ち両説ありといへども、猶易緯によるべきなり。また詩緯は十周三百六十年を以て大変となし、易緯は四六・二六を以て大変となす。二説は異るといへども、年数もまた同じ。

今、緯説によりて、倭漢の旧記を勘合するに、神倭磐余彦（神武）天皇、筑紫の日向の宮より、親から船師を帥ゐて東征し、諸賊を誅滅して、初めて帝宅を畝火山の東南の地橿原の宮に営む。辛酉春正月即位す。これを元年となす。〔周の僖王三年に当る。この年、斉の桓公始めて覇たり。王、諸侯を鄄に会す。事は史記の表に見ゆ。〕四年甲子春二月詔して曰く、諸虜すでに平ぎ、海内事なし。以て郊祀すべし、と。即ち霊畤を鳥見の山中に立て、その処を号して上小野榛原・下小野榛原と曰ふと云ふ。〔是の年は周の恵王即位の元年なり。斉の桓公諸侯を帥ゐて蔡を伐つ。蔡潰、遂に楚を伐ちて召陵に至り、苞茅を責む。これ即ち桓公の兵車第一の会なり。〕

謹みて日本紀を案ずるに、神武天皇はこれ本朝人皇の首なり。然らばこの辛酉は、一蔀革命の首となすべし。また本朝の時を立て、詔を下すの初めは、また同天皇四年甲子の年にあり、宜しく革令の証となすべきなり。

(1)四六〔神武天皇辛酉の即位より、孝昭五十六年辛酉に至るまで、二百四十年。〕

孝昭天皇五十六年辛酉、日本紀闕く。〔秦の懐公元年なり。また三晋、晋地を分ち、小侯のごとく晋を朝せしむ。また楚の簡王莒を取る。〕五十九年甲子。〔周の威烈王元年、また趙桓子元年。〕

(2)二六〔孝昭五十六年辛酉より、孝安三十三年辛酉に至るまで、六十年。〕

孝安天皇三十三年辛酉、日本紀闕く。〔秦の孝公始めて覇たり。天子胙を致す。〕三十六年甲子。〔斉の威王強くして諸侯を服す。〕

(3)四六〔孝安三十三年辛酉より、孝元三十五年辛酉に至るまで、百八十年。〕

孝元天皇三十五年辛酉、日本紀闕く。〔漢の呂太后崩ず。大臣諸呂を誅し、文帝を迎へ立つ。〕

(4)二六〔孝元三十五年辛酉より、崇神三十八年辛酉に至るまで、百二十年。〕

崇神天皇三十八年辛酉。〔漢の宣帝神爵元年。〕四十一年甲子。〔宣帝五鳳元年。〕

(5)四六〔崇神三十八年辛酉より、景行五十一年辛酉に至るまで、百八十年。〕

景行天皇五十一年辛酉、秋八月、稚足彦尊（のち成務天皇）を立てて皇太子となす。この月、武内宿祢を以て棟梁の臣となすなり。万機を摂行せしむ。〔後漢の安帝の建元元年に当る。〕五十四年甲子秋九月、伊勢の綺宮より上京し、纒向宮に居れり。

(6)二六〔景行五十一年辛酉より、誉田三十二年辛酉に至るまで、百八十年。〕

誉田（応神）天皇三十二年辛酉。〔前涼の張軌自から立ちて王となる。〕三十五年甲子。〔前趙の劉元海自から立ちて王となる。〕

(7)四六〔誉田天皇三十二年辛酉より、允恭天皇元年辛酉に至るまで、百二十年。〕

允恭天皇の即位元年（実は十年）辛酉（四二一）。〔宋の高祖武帝劉裕即位し、永初元年となす。〕四年甲子〔後魏の太祖太武皇帝即位す。〕

謹みて史漢を案ずるに、一元の終といへども、必ず皆変事あり。しかるに本朝の古記は、大変の年に、或は異事なし。蓋し文書記事の起るは、養老の間に始まるを以てなり。上古の事は、皆口伝に出で、故代の事変も、応に遺漏あるべし。また允恭天皇以後は、古記頗る備る。故に小変の年も、事また詳なり。案ずるに稚日本根子（清寧）天皇二年辛酉（四八一）春正月、天皇継嗣なきを愁ひ、大伴室屋大連に詔して、遺跡を垂れんことを冀ふ。ここに於て室家大連、播磨国の伊奈来目の小楯の宅に於て、億計《おけ》（王）・弘計《こけ》（王）の二主を得て、馳駅して聞奏す。天皇愕然とし、悦びて曰く、懿きかな、天博愛を垂れ、賜ふに二児を以てす、と。即ち小楯をして節を持して喚び上らしむ。五年甲子、天皇崩じ、弘計即位す。

推古天皇九年辛酉（六〇一）春二月、上（聖）徳太子初めて宮を斑鳩村に造り、事大小となく皆太子に決せり。この年新羅を伐ち任那を救ふのことあり。十二年甲子春正月、始めて冠位を賜ひ各差あり。徳・仁・義・礼・智・信あり、大小合せて十二階なり。夏四月、皇太子肇めて憲法十七条を制す云々。

〔この年隋の文帝崩ず。〕然らば則ち本朝の冠位・法令を制するは、推古天皇の甲子の年に始まる。あに甲子革令の験にあらずや。

巳上の一蔀は、神倭磐余彦（神武）天皇即位の辛酉の年より、天豊財重日足姫（斉明）天皇六年の庚申の年（六六〇）に至るまで、合して千三百二十年にして已み畢んぬ。

(8)一蔀の首

天智天皇は、息長足日広額（舒明）天皇の太子なり。位を母の天豊財重日足姫（斉明）天皇に譲り、舅の天万豊日（孝徳）天皇に及ぶまで十一年間、なほ太子となりて万機を摂す。ここに内臣中臣鎌子（のち藤原鎌足）連と与に、賊臣蘇我入鹿幷に入鹿の父大臣蝦夷臣を誅す。また新羅を伐ちて百済を救ひ、高麗を存し粛慎を服す。天豊財重日足姫天皇七年辛酉（六六一）秋七月崩じ、天智天皇即位す。〔大唐の高宗龍朔元年に当る。〕三年甲子（六六四）春二月、詔して冠位の階を換へ、更めて二十六階となす。織・縫・紫に各大小あり、錦・山・乙にもまた大小あり、大小の中に上中下あり、建もまた大小あり、これを二十六階となす。その大氏の上には大刀を賜ひ、小氏の上には小刀を賜ふ。伴造等の氏上には干楯・弓矢を賜ふ。また民部・家部を定む。夏五月、大唐の鎮百済将軍劉仁願、朝散大夫郭務悰等をして、来りて表を進り物を献ぜしむ。〔大唐の高宗麟徳元年に当る。〕

巳上、革命・革令の徴、倭漢甚だ詳なれば、更に具載せず。

(9)四六

今年辛酉。〔昌泰四年（九〇一）なり。〕

謹みて案ずるに、天智天皇即位辛酉の年（六六一）より、去年（昌泰三年）庚申（九〇〇）に至るまで、合して二百四十年なり。これ所謂四六相乗ずるの数、已み畢る。今年辛酉は大変革命の年に当るなり。また天智天皇以来二百四十年の内、小変の六甲、凡そ三度なり。案ずるに天智天皇即位の辛酉より、日本根子高瑞浄足姫（元正）天皇の養老五年辛酉（七二一）に至るまで、合して六十年なり。その年五月、日本根子高瑞浄足姫（元明）太上天皇崩ず。然れども猶聖武天皇改元せず。七《（八）》年甲子（七二四）に至りて、初めて改元して神亀元年となす。その後六十年、天応元年辛酉（七八一）夏四月、白壁天皇不予なり。桓武天皇天応元年四月三日受禅し、同日即位す。十二月二十日太上天皇崩ず。その後、承和八年辛酉（八四一）は異事なし。但し承和七年庚申（八四〇）に、淳和太上天皇崩ず。九年壬戌（八四二）に、嵯峨太上天皇崩ず。また皇太子を廃し、文徳天皇を以て皇太子となす。その後六十年にして、今年辛酉（九〇一）に至るなり。ただ唐暦以後は唐家の史書なく、仍りて近代の事変を勘合するを得ず。**清行**、去年以来、明年は革命の年に当るを陳ぶ。今年に至りて徴験すでに発す。初めて天道の信あり、聖運の期あるを知るあるのみ。

(ロ)一、去年の秋彗星見ゆるの事

謹みて漢晋の天文志を案ずるに、皆云ふ、彗体は光なく、日に伝きて光をなす。故に夕に見ゆれば則ち東指し、晨に見ゆれば則ち西指す。皆日光に随ひてこれを指す。これ旧を除ひ新を布くの象なり、と。

(ハ)一、去年の秋以来老人星見ゆるの事

謹みて案ずるに、顧野王の符瑞図に云ふ、老人星は瑞星なり。弧星の比地に直りて、一大星あり。〔晋灼曰く、比地に近地なり。〕これを老人星となす。見ゆれば則ち治平かにして主、寿なり。常に秋分を以てこれを南郊に侯ふ、と。〔春秋元命苞に見ゆ。〕春秋運斗枢に曰く、機星は和平を得て合し、万民寿なれば則ち老人星、国に臨む、と。〔宋均曰く、斗の徳は人に応ずるものなり。〕文耀鈎曰く、老人星見ゆれば則ち主安く、見えざれば則も兵起る、と。熊氏瑞応図に曰く、王者は天を承け理を得れば則ち国に臨む。晋の武帝の時、老人星見え、太史令孟雄以て言ふ。元帝の大興三年（三二〇）、老人星見え、四年また見ゆ、と。かくのごとき文を合すれば、老人星は、聖主長寿にして、万民安和するの瑞なり。今にして先に旧を除ふの象あり、後に福寿の瑞ありて、首尾相待つ。事験知り易し。

(二)一、高野(称徳)天皇天平宝字九年(七六五)を改めて天平神護元年となすの例

謹みて国史を案ずるに、高野天皇の天平宝字九年、逆臣藤原仲麿を誅し、即ち改元して天平神護となす。然らばただ天道の符運のみに非ず、また先代の恒典あるなり。当今の事は、あに旧貫に仍らざらんや。

臣伏して以みるに、聖人は二儀とその徳を合し、五行とその序を同じくす。故に天道は疾からずして速し、聖人は静なりといへどもこれに後れず。天道は遠からずして反る、聖人は動なりといへどもこれに先んぜず。況んや君の臣を得、臣の君に遇ふは、皆これ天授にして、曾て人事に非ず。義は風雲に会し、契は魚水に同じ。故に周文の呂尚に遇ふは、兆、玄亀に出で、漢祖の張良を用ふるは、神、黄石に憑る。

方今、天時は革命の運を開き、玄象は推始の符を垂る。聖主はその神機を動かし、賢臣はその広勝を決す。この冥会を論ずれば、理は自から然るがごとし。もし更に謙退を存すれば、必ず稽疑を成さん。この改元の制を黮し、かの創統の談を抑ふれば、則ち恐らくは天意に違ひ、還つて咎徴を致さん。伏して望むらくは、三五の運に因循し、四六の変に感会し、遠くは大祖神武(天皇)の遺蹤を履み、近くは中宗天智(天皇)の基業を襲ひて、当にこの更始を創め、かの中興を期し、元号を鳳暦に建て、作解を雷散に施すべし。〈清行〉機祥は弁じ難く、霊憲は迷ひ易し。その丹款を献じて、飲を白虎の樽に望むといへども、その玉英を験すれば、恐らくは責を黄龍の湍に負はん。臣〈清行〉、誠恐誠惶頓首謹みて言す。

昌泰四年(九〇一)二月二十二日

従五位上行文章博士兼伊勢権介三善宿祢清行上る。

⑥　請改元議

【本文】

請改元議

〔三善清行〕

臣某言。去年十一月廿八日。敬以愚欵。陳当年建寅建卯之月可有革命之変。誤中之責。罪当万死。臣某誠恐誠惶。頓首死罪。伏以聖人与二儀合其徳。与五行同其序。故天道不疾而速。聖人雖静而不後之。天道不遠而反。聖人雖動而不先之。況君之得臣。臣之遇君。皆是天授。曾非人事。義会風雲。契同魚水。故周文之遇呂尚。兆出玄亀。漢祖之用張良。神憑黄石。方今天時開革命之運。玄象垂推始之符。聖主動其神機。賢臣決其広勝。論此冥会。理如自然。若更存謙退。亦成稽疑。欝此改元之制。抑彼創統之談。則恐違天意。遂致咎徴。伏望固循三五之運。感会四六之変。遠履大祖神武之遠蹤。近襲中宗天智之基業。当創此更始。期彼中興。建元号於鳳暦。施作解於雷声。臣某誠恐誠惶。頓首謹言。

昌泰四年五月十三日

（新訂増補国史大系『本朝文集』巻三十一所収『革命』）

【訓読】

改元を請ふ議

〔三善清行〕

臣某言す。去年の十一月二十八日、敬みて愚欵を以て当年建寅建卯の月、革命の変有るべきを陳ぶ。中を誤るの責、罪は万死に当れり。臣某、誠恐誠惶、頓首死罪。伏して以ふに、聖人二儀とその徳を合せ、五行とその序を同じくす。故に天道疾まずして速し。聖人静なりと雖も之に後れず。天道遠からずして反す。聖人動くと雖も之に先立たず。況んや君の臣を得、臣の君を遇ふは、皆是れ天授、曾つて人事に非ず。義は風雲に会ひ、契は魚水に同じ。故に周文の呂尚を遇す。兆は玄亀に出づ。漢祖の張良を用ふ。神は黄石に憑く。方今天時、革命の運を開く。玄象は推始の符を垂れ、聖主はその神機を動かし、賢臣はその広勝を決す。此の冥会を論ずるに、理自然の如し。もし更に謙退を存すれば、亦稽疑を成し、此の改元の制を欝《ふさ》ぐ。彼の創統の談を抑へれば、恐らく天意に違ひ、遂に咎徴を致さん。

伏して望むらくは、三五の運を固循し、四六の変を感会す。遠くは大祖神武（天皇）の遠蹤を履き、近くは中宗天智（天皇）の基業を襲ふ。まさに此の更始を創め、彼の中興を期すべし。元号を鳳暦に建て、作解を雷声に施す。臣某、誠恐誠惶、頓首謹言。

昌泰四年（九〇一）五月十三日（三月十四日か）

⑦ 意見（封事）十二箇条

善相公〈清行〉

【本文】

意見十二箇条

（序）

臣某言。伏読去二月十五日詔。遍令公卿大夫方伯牧宰。進讜議尽謨謀。改百王之澆醨。拯万民之塗炭。雖陶唐之置諫鼓。隆周之制官箴。徳政之美。不能過之。臣某誠惶誠恐。頓首死罪。臣伏案旧記。我朝家神明伝統。天険開疆。土壌膏腴。人民庶富。故東平粛慎。北降高麗。西虜新羅。南臣呉会。三韓入朝。百済内属。大唐使駅。於焉納賖天竺沙門。為之帰化。其所以爾者何也。国俗敦厖。民風忠厚。軽賦税之科。疎徴発之役。上垂仁而牧下。下尽誠以戴上。一国之政。猶如一身之治。故范吏謂之君子之国。唐帝推其倭皇之尊。自後風化漸薄。法令滋彰。賦斂年増。傜役代倍。戸口月減。田畝日荒。既而欽明天皇之代。仏法初伝本朝。推古天皇以後。此教盛行。上自群公卿士。下至諸国黎民。無建寺塔者。不列人数。故傾尽資産。興造浮図。競捨田園。以為仏地。多買良人。以為寺奴。降及天平。弥以尊重。遂傾田園。多建大寺。其堂宇之崇。仏像之大。工巧之妙。荘厳之奇。有如鬼神之製。似非人力之為。又令七道諸国建国分二寺。造作之費。各用其国正税。於是天下之費。十分而五。至于桓武天皇。遷都長岡。製作既畢。更営上都。再造大極殿。

新構豊楽院。又其宮殿楼閣。百官曹庁。親王公主之第宅。后妃嬪御之宮館。皆究土木之巧。尽賦調庸之用。於是天下之費。五分而三。仁明天皇即位。尤好奢靡。雕文刻鏤。錦繍綺組。傷農事。害女功者。朝製夕改。日変月悛。後房内寝之飾。飫宴謌楽之儲。麗靡煥爛。冠絶古今。府帑由是空虚、賦斂為之滋起。於是天下之費。二分而一。貞観年中。応天門及大極殿。頻有灾火。儻依太政大臣昭宣公匪躬之誠。具瞻之力。庶民子来。万邦麑至。修復此宇。期年而成。然而天下費。亦失一分之半。然則当今之時。曾非往世十分之一也。臣去寛平五年。任備中介。彼国下道郡有邇磨郷。爰見彼国風土記。皇極天皇六年。大唐将軍蘇定方率新羅軍伐百済。百済遣使乞救。天皇行幸筑紫。将出救兵。時天智天皇為皇太子。摂政従行。路宿下道郡。見一郷戸邑甚盛。天皇下詔。試徴此郷軍士。即得勝兵二万人。天皇大悦。名此邑曰二万郷。後改曰邇磨郷。其後天皇崩於筑紫行宮。終不遣此軍。然則二万兵士。弥可蕃息。而天平神護年中。右大臣吉備朝臣。以大臣兼本郡大領。試計此郷戸口。纔有課丁千九百余人。貞観初。故民部卿藤原保則朝臣。為彼国介時。見旧記此郷有二万兵士之文。計大帳之次。閲其課丁。有七十余人。某到任。又閲此郷戸口。有老丁二人。正丁四人。中男三人。去延喜十一年。彼国介藤原公利。任満帰都。清行問邇磨郷戸口当今幾何。公利答曰。無有一人。謹計年紀。自皇極（斉明）天皇六年庚申。至延喜十一年辛未。纔二百五十二年。衰弊之速。亦既如此。以一郷而推之。天下虚耗。指掌可知。方今陛下鍾千年之期運。照万古之興衰。降惻隠於兆庶。施恵愛於四方。宵衣旰食。夜念朝行。遍頒綸綍。広訪蒭蕘。昔者虞舜之居。三年成都。仲尼之政。期月自理。然則民之繁孳。不待必代之後。国之興復。応期浹日之間。不任抃躍。敢陳狂愚。猶如管中見豹。纔知一斑。井底望天。不過数尺。謹録如左。伏待天裁。

(1)一　応消水旱求豊穣事

右。臣伏以。国以民為天。民以食為天。無民何拠。無食何資。然則安民之道。足食之要。唯在水旱無沴。年穀有登也。故朝家毎年。二月四日。六月十一日。十二月十一日。於神祇官立祈年月次之祭。厳加斎粛。遍禱神祇。乞其豊熟。致其報賽。其儀公卿率弁官及百官。参神祇官。神祇官毎社設幣帛一裹。清酒一瓮。鉄鉾一枝。陳列棚上。又社或有奉馬者焉。〔祈年祭一匹。月次祭二匹。〕亦皆左右馬寮。牽列神馬。爰神祇官読祭文畢。以件祭物。頒諸社祝部。令奉本社。祝部須潔斎捧持。各以奉進。而皆於上卿前。即以幣絹挿著懐中。抜棄梓柄。唯取其鋒。傾其瓮酒。一挙飲尽。曽無一人全持出神祇官之門者。況其神馬。則市人於郁芳門外。皆買取而去。然則所祭之神。豈有歆饗乎。若不歆饗者。何求豊穣。伏望。申勅諸国。差史生以上一人。率祝部令受取此祭物。慥致本社。以存如在之礼。又朝家毎年正月。始自大極殿前。至于七道諸国。修吉祥悔過。又聖代毎年修仁王会。遍為百姓。祈禱豊年。消伏疾疫。由是人天慶頼。兆庶歓娯。然猶所以水旱不休。灾沴屢発者何也。僧徒修之者。多非其人也。臣窺漢国之史籍。閲本朝之文記。凡厥禅徒。未必皆修学倶備。禅智兼高者也。然而或固守律儀。至死不犯。或偏行菩薩。忘身利佗。故帝皇之誠。依禅僧而易感。禅僧之念。与如来而必通。而今上自僧綱。下至諸寺次第請僧。及法用小僧沙弥等。持戒者少。違律者多。如此薫修者。三尊豈可感応乎。感応之来。非敢所望。妖咎之至。還亦可懼。伏望。衆僧濫行有聞者。一切不預請用。又諸国司等。公務忩忙。事多不遑。故国中法務。皆委附講読師。而講読師多非持律之人。又或有贖労之輩。況其国分僧廿人。皆是無慚之徒也。蓄妻子営室家。力耕田行商賈。而今国司依例。令致祈念。望其感応。譬猶縁木求魚。向竈採花也。重望。諸国講読師。雖成階業。非精進練行者。不得擬補。又国分僧若有濫穢。而講読師不糺者。解却講読師。如此則聖主之祈感速影響。公田之税蓄如京坻。十旬之雨随節。千箱之詠満衢。

⑵一　請禁奢侈事

右。臣伏以。先聖明王之御世也。崇節倹禁奢盈。服澣濯之衣。嘗蔬糲之食。此則往古之所称美。明時之所規摸也。而今澆風漸扇。王化不行。百官庶僚。嬪御媵妾。及権貴子弟。京洛浮食之輩。衣服飲食之奢。賓主饗宴之費。日以侈靡。無知紀極。今略挙一端。指陳事実。臣伏見貞観元慶之代。親王公卿。皆以生筑紫絹。為夏汗衫。曝絁為表袴。東絁為韈。染絁為履裏。而今諸司史生。皆以白縑為汗衫。白絹為表袴。白綾為韈。菟褐為履裏。其婦女則下至侍婢。裳非斉紈不服。衣非越綾不裁。染紅袖者。費其万銭之価。擣練衣者。裂於一砧之間。自余奢靡。不能具陳。昔者季路縕袍。不恥狐狢之麗服。原憲藜戸。猶蔑駟蓋之栄暉。此賢哲之高規。非庸人之克念。故見其僭差。則競相放効。観其倹約。則逓以嘲嗤。富者誇其逞志。貧者恥其不及。於是製一領之衣。破終身之産。設一朝之饌。尽数年之資。田畝為之荒蕪。盗徒由是滋起。如此不禁。恐損聖化。伏望。随人品秩。立衣服之制。命検非違使。糺其越濫。又飫宴之制。頻張格式。而此法常自上破之。令下效之。重望。令検非違使張行此制。又王臣以下。至于庶人。追福之制。飾終之資。随其階品。皆立式法。而比年諸喪家。其七七日講莚。周闋法会。競傾家産。盛設斎供。一机之饌。堆過方丈。一僧之儲。費累千金。或乞貸佗家。或斥売居宅。孝子遂為逃債之逋人。幼孤自成流冗之餓殍。夫以蒙顧復撫育之愛者。誰無追遠報恩之志焉。然而修此功徳。宜有程章。豈可必待子孫之破産。以期父祖之得果乎。況此修斎之家。更設弔客之饗。献酬交錯。宛如飲宴。初有匍匐之悲。俄成酣酔之興。孔子食於有喪者之側。未嘗飽也。豈其如此乎。但郊畿之内。道場非一。故検非違使。不遑禁止。伏望。申勅公卿大夫百官諸牧。各慎此僣濫。令天下庶民知其節制。又維摩冣勝竪義僧等。皆貧道修学之輩也。一鉢之外。亦無他資。而比年令之盛儲僧綱并聴衆之斎供。非唯積饌成山。猶亦有酒如淮。已乖仏律。亦害聖化。伏望。申誡僧綱。早立此禁。伏以上不率正。下自差忒。若卿相守法。僧統随制。則源澄而流自清。表正而影必直。

(3)一　**請勅諸国随見口数授口分田事**

右。臣伏見諸国大帳。所載百姓。大半以上。此無身者也。爰国司偏随計帳。宛給口分田。即班給正税。徴納調庸。於是有其身者。纔耕件田。頗進祖調。無其身者。戸口一人。私沽件田。曾不自耕。至于租税調庸。遂無輸納之心。謹検案内。公家所以班口分田者。為収調庸挙正税也。而今已奸其田。終闕厥貢。牧宰空懐無用之田籍。豪富弥收幷兼之地利。非唯公損之深。亦成吏治之妨。今須令諸国閲実見口。班給其口分田。其遺田者。国司收為公田。任以沽却。若納地子。以充無身之民調庸祖税也。猶所遺之稲。委納不動。今略計其応輸之数。三倍於百姓所進之調庸也。為公有利。為民無煩。此皆国宰専行。応無殊妨。然而事乖旧例。恐有民愁。伏望。申勅諸国。試令施行。

(4) 一 請加給大学生徒食料事

右。臣伏以。治国之道。賢能為源。得賢之方。学校為本。是以古者明王。必設庠序。以教徳義。習経芸。而叙彝倫。周礼卿大夫献賢能之書于王。王拝而受之。所以尊道而貴士也。伏見古記。朝家之立大学也。始於大宝年中。至于天平之代。右大臣吉備朝臣。恢弘道芸。親自伝授。即令学生四百人。習五経三史。明法筭術。音韻籀篆等六道。其後代代下勅。給罪人伴家持。越前国加賀郡没官田一百余町。山城国久世郡公田四十余町。河内国茨田渋川両郡田五十五町。以充生徒食料。号曰勧学田。亦毎日給大炊寮百度飯一石五斗。〔人別三升。五十人料。〕以補照読之疲也。又有勅。令常陸国毎年挙稲九万四千束。以其利稲。充寮中雑用料。又挙丹後国稲八百束。以其利稲。充学生口味料。而年代漸久。事皆睽違。承和年中。伴善男訴家持無罪。返給加賀郡勧学田。又有勅分山城国久世郡田卅町為四分。其三分給典薬左右馬三寮。纔留其一分。充学生料。又河内国両郡治田。頻遭洪水。皆成大河。又常陸丹後両国出挙稲。依度度交替欠。本稲皆失。無有利稲。当今所遺者。唯大炊寮飯料米六斗。山城国久世郡遺田七町而已。以此小儲。充数百生徒。雖作薄粥。猶亦不周。然而学生等。成立之望猶深。飢寒之苦自忘。各勤鑽仰。共住学館。於是性有利鈍。才異愚智。或有捍格而難用者。或有穎脱而出嚢者。通計而論之。中才以上者。曾無十分之三四也。由是才士者已超擢挙用。不才者衰老空帰。亦其旧郷凋落。無所帰託者。頭戴白雪之堆。飢臥壁水之涘。於是後進者。偏見此輩成羣。即以為大学是迍邅坎壈之府。窮困凍餒之郷。遂至父母相誡。勿令子孫歯学館者也。由是南北講堂。鞠為茂草。東西曹局。闃而無人。於是博士等。毎至貢挙之時。唯以歴名薦士。曾不問才之高下。人之労逸。請託由是間起。濫吹為之繁生。潤権門之余唾者。生羽翼而入青雲。踏闕里之遺蹤者。詠子衿而辞黌舎。如此陵遅。無由興復。先王庠序。遂成丘墟。臣伏以。莘人之道。以食為本。望請。常陸丹後両国出挙本頴九万四千八百束之利稲。二万八千四百卌束之代。遍以諸国田祖穀充給。〔縁海国半分。坂東国半分。〕以充給学生等食。又罪人伴善男所返給加賀郡田。重亦没官。令給穀倉院。充造道橋料。重望。依旧返給件田。以為勧学田。又式云。学生不住寮家者。不得薦挙者。比年雖有此式。不能施行者。依学生之無食也。今須厳勅博士及寮頭等。諸道学生。雖有才芸。不直寮家者。不得貢挙。如此則挑兮之徒。帰我国冑。皇矣之士。列彼周行。

(5) 一　請減五節妓員事

右。臣伏見朝家五節舞妓。大嘗会時五人。即皆預叙位。其後年年新嘗会時四人。無預叙位之例。由是至于大嘗会之時。権貴之家。競進其女。以充此妓。尋常之年。人皆辞遁。可闕神事。爰有新制。令諸公卿及女御輪転進之。其費甚多。不能堪任。伏案故実。弘仁承和二代。尤好内寵。故遍令諸家択進此妓。即以為選納之便也。諸家僥倖天恩。不顧靡費。尽財破産。競以貢進。方今聖朝修其帷薄。立其防閑。此等妓女。舞了帰家。無預燕寝。然則此妓数人。遂有何用。重案旧記。昔者神女来舞。未必有定数四五人。伏望。択良家女子。未嫁者二人。置為五節妓。其時服月料。稍令饒給。節日衣装。亦給公物。若貞節不嫁。経十箇年者。即預女叙。聴令出嫁。若願留侍者。預之於蔵人之列。即択置其替人。亦如前年。

(6)一　請依旧増置判事員事

右。臣伏案職員令。大判事二人。中判事二人。少判事二人。皆掌決断人罪也。然而近古以来。大判事一員。常用律学之人。其外五人。未必任明法之輩焉。故去寛平四年有詔。省件大判事一人。中判事二人。少判事一人。唯置大少判事各一人。然猶大判事独用法家。少判事亦非其人。今案事意。此詔之旨。竊有疑惑。何者聖主之政。刑法為大。昔皐陶以大賢為理官。帝舜猶誡云。欽哉欽哉。惟刑之恤。光武以明察詳刑獄。桓譚亦奏云。法吏愛憎。刑開二門。然則疑獄之断。古今所難。而今総万民之死生。繋之一人之脣吻。括五刑之軽重。決之独見之讞書。已乖閲実之理。恐貽濫罰之科。近曾安芸守高橋良成之罪。

大判事惟宗善経。処之遠流。以禦螭魅。奏可已畢。官符亦下。儻依刑部大録粟田豊門之駮議。良成之身。幸蒙赦免。朽骨再肉。遊魂更帰。然則法律出入。難可取信。天下喁々。莫不危懼。伏望。依旧置判事六人。皆択明通法律者。補任之。使之倶講科比。詳定条章。各慥其意。然後奏聞。如此則怨獄永絶。罪人自甘。不待扶南之鰐魚。豈用堯時之獬豸。

(7)一　請平均充給百官季禄事

右。謹案式条。二月廿二日。八月廿二日。於大蔵省。可給百官春夏秋冬季禄。而比年依官庫之乏物。不得遍賜。由是公卿及出納諸司。毎年充給。自余庶官。則五六年内。難給一季料。伏案事意。上下分階。故禄之多少各異。閑忙殊務。故物之精麤不同。至于頒賜。宜無差別。豈可倶勤王事。別置偏煦之官。同列周行。式比躶国之俗乎。伏望。若可給季禄者。先計物多少。公卿百官。一同遍給。一如式文。若官軍無物者。同亦不賜。無有偏頗。如此則鳲鳩在桑。均哺養於七子。単醪投流。期酣酔於三軍。

(8)一　請停止依諸国少吏幷百姓告言訴訟。差遣朝使事

右。臣伏以。牧宰者分万乗之憂。受一方之寄。惣六条之紀綱。為兆民之領袖。故漢宣帝云。与朕共理者。其唯良二千石乎。必須択用其才。尊崇其職。重官威而厭民心。捨小瑕而責大成。而比年任用之吏。或結私怨。以誣告官長。所部之民。或矯公事。以愁訴国宰。或陳犯用官物之状。或訴政理違法之由。此等条類。千緒万端。於是朝家収其告状。発遣使人。使人到国。未問事之虚実。不弁理之是非。偏依使式。毎事准擬。領其印鎰。厳其

禁錮。即以官長之貴。与小吏賤民。比肩連口。受其推鞫。若辞対之間。繊芥有違。則立加縲紲。便塡牢狴。若亦雖告訴之旨。事皆不実。而威権已廃。政令不行。爰隣境百姓。転相見聞。即各軽侮其官長。不肯服従其政教。傷化之源。無甚於此。況亦理劇之任。庶務多端。暁夕僶俛。猶有不遑。而今朝使推問之間。被停釐務。多歴旬月。空廃治政。縦雖免賊吏之名。而猶成任中之怠。秩満之日。遂拘解由。如此則多致公損。徒滅良吏。助此訴人。報彼私怨也。前年阿波守橘秘樹。粛清所部。底慎厥貢。勤王之誠。当時第一也。必須殊加奨擢。以励循良。而依小民之誣告。降朝使之廉問。雖事皆虚詐。告人逃亡。已而秘樹之身亦為癈人。如此則知恥之士。誰冀為吏乎。方今時代澆季。公事難済。故国宰之治。不能事々拘牽正法。故或有枉尺而直尋者。或有失始而全終者。昔者龔遂為渤海守。奏曰。請勅丞相御史。且勿拘臣以文法。令得便宜従事。又本朝格云。国宰反経制宜。動不為己者。将従寛恕。無拘文法者。伏望。此等告言訴訟。除謀反大逆之外。一切停止朝使。専附新司。若実有犯過者。具載不与解由状。勘判之後。即下刑官。論其罪科。或難云。凡厥貪吏之盗官物。宜速加糺察也。若待其任終。恐倉庫無余。答云。今仮令有人告申吏盗贓。爰太政官即馳軽騎。昼夜兼行。禁遏其奸者。事若可爾。而今訴人告状。歴三審之程。待奏可之比。択定使人之間。装束行程之限。事自弥留。度歴年紀。其間若有心盗犯者。豈遑遺一粒乎。然則与彼附後司。有何分別。況此牧宰等。身出帝簡。志報朝恩。非唯求立績於明時。亦皆念垂名於後代者也。故比年陥此罪者。皆為公謀功。未成之間。

俄被告言而已。未曾有自犯入己之人焉。静尋其意。誠是公罪也。伏望。暫褰天旒。照其可否。

(9)一　請置諸国勘籍人定数事

右。謹検案内。三宮舎人及諸親王帳内資人。諸大夫命婦位分資人。諸司勘籍人。諸衛府舎人。式兵二省載季符者。一年四季之内。稍及三千人。又略計本朝課丁。除五畿内。陸奥出羽両国及太宰九箇国之外。不満卅万人。就中大半。是無有其身。然則見課丁。纔有十余万人。今十余万人中。毎年除三千人之課役。傍薄而論之。未盈四十年。天下之人。皆可為不課之民。然則国宰令何人備進調庸乎。由是国宰奉行蠲符。即除富豪見丁之課役。更以無実課丁。括出計帳。故例進調庸。自然無可徴之門。然則調庸難備。曾非国宰之怠也。都是蠲符猥濫之所致也。而今依此怠。遂為未得解由。豈不悲乎。或難云。三宮舎人。帳内位分資人等。古来所充給也。然而累代蠲符。無有此妨。今至当時。何出異論。答云。凡諸勘籍人等。符損符益「符」通計可載蠲符。具在式条。而今比年所下。蠲符之損。百人之中。無符益一人。又近古諸家。一得資人。無復改補。而比年補資人後。即遷転三宮及諸司内考。重復改請。於是三省史生書生等。因縁為奸。或不觸本主。不依国解。偽称勘籍。猥載季符。其尤甚者。本主未補一人。省底已盈其数。如此奸濫。日以加倍。公損之甚。無過於此。伏望。件等勘籍人。随国大小。毎年立其定数。大国一年十人。上国七人。中国五人。小国二人。以載蠲符。此外不得加増一人。又旧例。近江国一年免百人。

丹波国免五十人。両国凋残。職此之由。今須因准此例。近江国減定十人。丹波国減定七人。又勘籍解文。必二通進官。其一通留官底。一通加外題。即下式部省。省進季符之日。与官底解文勘合。然後請印。又蠲符所載。多符損少符益者勘返。不得請印。但京戸五畿内。不拘此制。冀也調庸易納。牧宰無煩。

⑽一　請停以贖労人。補任諸国検非違使及弩師事

右。諸国検非違使。掌糺境内之姧奸濫。禁民間之凶邪。然則国宰之爪牙。兆庶之銜策也。必須明習法律。兼詳決断。而今任此職者。皆是当国百姓。納贖労料者也。徒費公俸。不堪差役。空帯其名。曾非其器。亦猶如画餅不可食。木吏不能言也。伏望。監試明法学生。宛任此職。其試法一如明経国学之試。国中追捕及断罪。一向委此検非違使。猶如京下有判事及検非違使也。又縁辺諸国。各置弩師者。為防寇賊之来犯也。臣伏見本朝戎器。強弩為神。其為用也。短於逐撃。長於守禦。古語相伝云。此器神功皇后奇巧妙思。別所製作也。故大唐雖有弩名。曾不如此器之勁利也。臣伏見。陸奥出羽両国。動有蝦夷之乱。大宰管内九国。常有新羅之警。自余北陸山陰南海三道。浜海之国。亦皆可備隣寇者也。而今件弩師。皆充年給。許令斥売。唯論価直之高下。不問才伎之長短。故所充任者。未知軍器之有弩。況暁機弦之所用乎。仮令天下太平。四方無虞。猶宜安不忘危。日慎一日。況万分之一。若有隣寇挑死者。空懐此器。孰人施用乎。伏望。令六衛府宿衛等。練習弩射之術。試其才伎。随其功労。充任件国弩師。然則人才適名。城戎易守。

⑾一　請禁諸国僧徒濫悪及宿衛舎人凶暴事

右。臣伏見去延喜元年官符。已禁権貴之規錮山川。勢家之侵奪田地。芟州郡之枳棘。除兆庶之蝥蠈。吏治易施。民居得安。但猶凶暴邪悪者。悪僧与宿衛也。伏以。諸寺年分。及臨時得度者。一年之内。或及二三百人也。就中半分以上。皆是邪濫之輩也。又諸国百姓。逃課役逋祖調者。私自落髪。猥著法服。如此之輩。積年漸多。天下人民。三分之二。皆是禿首者也。此皆家蓄妻子。口啖腥羶。形似沙門。心如屠児。況其尤甚者。聚為群盗。竊鋳銭貨。不畏天刑。不顧仏律。若国司依法勘糺。則霧合雲集。競為暴逆。前年攻囲安芸守藤原時善。劫略紀伊守橘公廉者。皆是濫悪之僧。為其魁師也。縦使官符遅発。朝使緩行者。時善。公廉。皆為魚肉也。若無禁懲之制。恐乖防衛之方。伏望。諸僧徒有凶濫者。登時追捕。令返進度縁戒牒。即著俗服。返附本役。又私度沙弥。為其凶党者。即著鉗鈦。駈役其身。又六衛府舎人。皆須毎月結番。暁夕警備。当番陪侍兵欄。佗番休寧京洛。〔東西帯刀町。此其住所也。〕若有機急者。又須当番他番倶勤防衛。而今件等舎人。皆散落諸国。或在千里郵駅之外。百日行程之境。豈得門籍編名。宿衛分番乎。此皆部内強豪。民間凶暴者也。国司依法。勘糺其事。則駿奔入洛。即納銭貨。買為宿衛。或帥徒党。而劫囲国府。或奮老拳。以淩辱官長。凡厥蠹害。非唯疥癬。夫以選置衛卒者。為備警急也。而今遠在甸服。不居京畿。縦令皇都無虞。則此輩何用。若其有急者。奔赴無及。然則徒為諸国之犲狼。曾非六軍之貔虎。望請。諸衛府舎人。充補之後。不得帰住本国。若有寧帰者。各限仮日。取本府牒。附送国衙。不得限外留連。若猶懈緩不還者。国宰且解其職。且録事状。牒送本府。如此則猨臂比肩於門欄。狗吠休警於州壊。

⑿一　重請修復播磨国魚住泊事

右。臣伏見。山陽西海南海三道。舟船海行之程。自檉生泊至韓泊一日行。自韓泊至魚住泊一日行。自魚住泊至大輪田泊一日行。自大輪田泊至河尻一日行。此皆行基菩薩計程所建置也。而今公家唯修造韓泊。輪田泊。長廃魚住泊。由是公私舟船。一日一夜之内兼行。自韓泊指輪田泊。至于冬月風急。暗夜星稀。不知舳艫之前後。無弁浜岸之遠近。落帆棄檝。居然漂没。由是毎年舟之蕩覆者。漸過百艘。人之没死者。非唯千人。昔者夏禹之仁。罪人猶泣。況此等百姓。皆赴王役乎。伏惟。聖念必応降哀矜者也。臣伏勘旧議。此泊天平年中所建立也。其後至于延暦之末。五十余年。人得其便。弘仁之代。風浪侵齧。石頽沙漂。天長年中。右大臣清原真人。奏議起請。遂以修復。承和之末。復已毀壊。至于貞観初。東大寺僧賢和。修菩薩行。起利他心。負石荷鍤。尽力底功。単独之誠。雖未畢其業。年紀之間。莫不蒙其利。賢和入滅。稍及三十年。人民漂没。不可勝計。官物損失。亦累巨万。伏望。差諸司判官幹了有巧思者。令修造件泊。其料物充給播磨備前両国正税。冀也。早降聖朝援手之仁。令脱天民為魚之歎。凡厥便宜。具載去延喜元年所献意見之中。不更重陳。

延喜十四年四月廿八日　　従四位上行式部大輔臣三善朝臣清行上「封事」

(新訂増補国史大系『本朝文粋』巻二・意見封事／日本思想大系『古代政治社会思想』)

【訓読】

意見十二箇条

(序)

臣清行言す。伏して去る二月十五日の詔を読むに、遍く公卿大夫・方伯牧宰をして、讜議を進り謨謀を尽くし、百王の澆醨を改め、万民の塗炭を拯《すく》はしめよとのたまへり。陶唐(堯)の諫鼓を置き、隆周の官箴を制すといへども、徳政の美、これに過ぐること能はず。臣清行、誠惶誠恐頓首死罪。

臣伏して旧記を案ずるに、我が朝家、神明統を伝へ、天険疆を開き、土壌膏腴にして、人民庶富めり。故に東のかた粛慎を平げ、北のかた高麗を降し、西のかた新羅を虜にし、南のかた呉会を臣とす。三韓入朝し、百済内属す。大唐の使訳、ここに賝(賄《まかない》カ)を納れ、天竺の沙門、これがため化に帰せり。それ爾《しか》る所以は何となれば、国の俗敦厖にして、民の風忠厚なり。賦税の科を軽くし、徴発の役を疎かにす。上、仁を垂れて下を牧《やしな》ひ、下、誠を尽してもて上を戴く。一国の政はなほ一身の治のごとし。故に范史(後漢書の東夷伝)にはこれを「君子の国」と謂ひ、唐帝(隋の煬帝)その倭皇の尊を推せり。

これより後、風化漸くに薄くして、法令滋く彰す。賦斂年ごとに増り、徭役代に倍し、戸口月に減り、田畝日ごとに荒れたり。すでに欽明天皇の代に、仏法初めて本朝に伝はり、推古天皇より以後、この教へ盛んに行はる。上は群公卿士より、下は諸国の黎民に至るまで、寺塔を建立することなき者は、人数に列せず。故に資産を傾け尽し、浮図を興し造る。田園を競ひ捨てて仏地と為し、多く良人を買ふて寺奴と為す。降りて天平に及びて、弥ゝ以て尊重す。遂に田園を傾けて、多く大寺を建つ。堂宇の崇く、仏像の大なること、工巧の妙、荘厳の奇、鬼神の製のごとくなるあり。人力の為《しのぎ》に非ざるに似たり。また七道諸国をして国分二寺を建てしむ。造作の費、各々その国の正税を用ゐたり。ここに天下の費、十分にして五なり。

桓武天皇に至りて、都を長岡に遷したまふに、製作すでに畢りて、更に上都（平安京）を営む。再び大極殿を造り、新たに豊楽院を構ふ。またその宮殿楼閣、百官の曹庁、親王・公主（皇女）の第宅、后妃嬪御の宮館、皆土木の巧を究め、尽く調庸の用を賦す。ここに天下の費、五分にして三なり。

仁明天皇位に即きて、尤も奢靡を好みたまふ。雕文刻鏤・錦繍綺組、農事を傷り女功（養蚕）を害するもの、朝に製り夕に改め、日に変り月に悛まる。後房内寝の飾、飫宴歌楽の儲、麗靡煥爛にして、古今に冠絶せり。府帑これによりて空虚に、賦斂これがために滋く起る。ここに天下の費、二分にして一なり。

貞観年中に、応天門及び大極殿、頻りに災火あり。儻《たまたま》太政大臣昭宣公（藤原良房）、匪躬の誠、具瞻の力によりて、庶民子のごとくに来り、万邦麑《かのこ》のごとくに至りて、この宇を修復すること、期年にして成せり。然れども天下の費、また一分が半を失へり。然れば当今の時、曾て往世の十分が一に非ざるなり。

臣、去る寛平五年（八九三）備中介に任ず。かの国の下道郡に邇磨《にま》郷あり。ここにかの国の風土記を見るに、皇極（実は重祚して斉明）天皇の六年（六六〇）、大唐の将軍蘇定方、新羅の軍を率ゐ百済を伐つ。百済使を遣して救はむことを乞ふ。天皇筑紫に行幸したまひて、将に救ひの兵を出さんとす。時に天智天皇、皇太子と為り政を摂《と》り、従ひ行きて路に下道郡に宿したまふ。一郷を見るに戸邑甚だ盛んなり。天皇詔を下し、試みにこの郷の軍士を徴したまふ。即ち勝兵二万人を得たり。天皇大いに悦びて、この邑を名けて二万《にま》郷と曰ふ。後に改めて邇磨郷と曰ふ。

その後、天皇筑紫の行宮にて崩じたまひ、終にこの軍を遣さず。然れば二万の兵士、弥〻蓄息すべし。しかるを天平神護年中に、右大臣吉備（真備）朝臣、大臣をもて本郡の大領を兼ねたり。試みにこの郷の戸口を計へしに、纔かに課丁千九百余人ありき。貞観の初めに、故民部卿藤原保則朝臣、かの国の介たりし時、旧記を見るに、この郷に二万の兵士の文あり。大帳を計ふる次に、その課丁を閲せしに、七十余人ありしのみ。清行、任に到りて、またこの郷の戸口を閲せしに、老丁二人・正丁四人・中男三人ありしのみ。去る延喜十一年（九一一）、かの国の介藤原公利、任満ちて都に帰りたりき。清行問ふらく、邇磨郷の戸口当今幾何ぞ。公利答へて云はく、一人もあることなしと。謹みて年紀を計ふるに、皇極（実は斉明）天皇六年庚申（六六〇）より、延喜十一年辛未に至るまで、纔かに二百五十二年、衰弊の速かなること、また既にかくのごとし。一郷をもてこれを推すに、天下の虚耗、掌を指して知るべし。

方今、陛下千年の期運に鍾り、万古の興衰を照す。惻隠を兆庶に降し、恵愛を四方に施す。宵に衣を旰《ひだ》けて食し、夜に念ひ朝に行ふ。遍く綸綍を頒ち、広く芻蕘に訪ふ。昔は虞舜の居ること三年にして都を成し、仲尼の政、期月にして自ら理《おさま》る。然れば民の繁孳、必代の後を待たず、国の興複、浹日の間を期すべし。抃躍に任へずして、あへて狂愚を陳ぶ。猶、管中に豹を見る、纔かに一斑を知り、井底に天を望む、数尺に過ぎざるがごとし。謹みて録すること左のごとし。伏して天裁を待つ。

(1)一、水旱を消し豊穣を求むべきこと

右、臣伏して以みるに、国は民をもて天と為し、民は食をもて天と為す。民なくば何にか拠らむ。食なくば何にか資《よ》らむ。然らば民を安んずるの道、食を足らすの要は、ただ水旱沴《わざわい》なく、年穀登ることあるにあり。故に朝家、年ごとの二月四日・六月十一日・十二月十一日に、神祇官に於て、祈年・月次の祭を立つ。厳しく斎粛を加へ、遍く神祇官に禱り、その豊熟を乞ふて、その報賽を致す。その儀、公卿、弁官及び百官を率ゐて神祇官に参ず。神祇官、社ごとに幣帛一裹・清酒一瓮・鉄鉾一枝を設け、棚の上に陳ね列ぬ。また社に或は馬を奉る者あり。〔祈年祭は一疋、月次祭は二疋。〕また左右の馬寮、神馬を牽き列ぬ。ここに神祇官、祭文を読み畢りて、件の祭物をもて、諸社の祝部に頒ちて、本社に奉らしむ。

祝部、潔斎して捧げ持ちて、各々以て奉進すべし。しかるを、皆上卿の前に於て、即ち幣の絹をもて懐の中に挿み着け、鉾の柄を抜き棄ててただその鋒を取り、その瓮の酒を傾けて一挙に飲み尽す。曾て一人

として全く神祇官の門より持ち出づる者なし。いはむや、その神馬は、則ち市人郁芳門の外に皆買ひ取りて去ぬるをや。然らば、祭るところの神、あに歆饗することあらんや。もし歆饗せざれば、何ぞ豊穣を求めむ。

伏して望むらくは、申《かさ》ねて諸国に勅し、史生より以上一人を差して祝部を率ゐ、この祭物を受け取らしめて、慥かに本社に致し、以て在すがごとき礼を存せん。

また朝家、年ごとの正月に、大極殿の前より始め、七道諸国に至るまで、吉祥悔過を修せり。また聖代、年ごとに仁王会を修し、遍く百姓のために、豊年を祈禱し、疾疫を消伏したまふ。これによりて、人天慶び頼り、兆庶歓び娯しむ。然も猶、水旱休まず、災沴屢ゝ発る所以は何となれば、僧徒のこれを修する者、多くその人に非ざればなり。臣、漢国の史籍を窺ひ、本朝の文記を閲るに、凡その禅徒、いまだ必ずしも皆修学倶に備はり、禅智兼ね高からざる者なり。然れども、或は固く律儀を守りて、死に至るまで犯さず、或は遍く菩薩を行じ、身を忘れて他を利す。故に帝皇の誠、禅僧によりて感じ易く、禅僧の念、如来と必ず通ず。しかるに今、上は僧綱より、下は諸寺の次第の請僧、及び法用の小僧・沙弥等に至るまで、持戒の者は少く、違律の者は多し。かくのごとき薫修の者は、三尊あに感応すべけんや。感応の来れること、あへて望む所に非ず、妖咎の至り、還りてまた懼るべし。伏して望むらくは、衆僧の濫行聞ゆることあるは、一切に請用に預らざれ。

また諸国司等の、公務忩忙にして、事多くして遑あらず。故に国中の法務は、皆講読師に委附す。しかるに講読師、多く持律の人に非ず、また或は贖労の輩あり。いはむやその国分の僧二十人、皆これ無慚の徒なり。妻子を蓄へ、室家を営み、耕田を力め、商賈を行ふ。しかるに今、国司、例によりて、祈念を致さしむ。その感応を望むこと、譬へばなほ木に縁りて魚を求め、竈に向ひて花を採るがごとし。

重ねて望むらくは、諸国の講読師、階業を成すといへども、精進練行の者に非ずんば、擬補することを得じ。また国分の僧、もし濫穢ありて、講読師糺さざれば、講読師を解却せん。かくのごとくにすれば聖主の祈感影響よりも速かに、公田の税蓄京坻のごとく、十旬の雨節に随ひ、千箱の詠衢に満たん。

(2)一、請ふらくは、奢侈を禁ぜむことを

右、臣伏して以みるに、先聖明王の世を御《おさ》めたまふ、節倹を崇び、奢盈を禁ず。澣濯の衣を服し、蔬糲の食を嘗む。これ往古の称美するところ、明時の規模とするところなり。しかるを今、澆風漸くに扇《さかり》にして、王化行はれず。百官庶僚、嬪御媵妾、及び権貴の子弟、京洛浮食の輩、衣服飲食の奢、賓客饗宴の費、日ごと以て侈靡にして、紀極を知ることなし。今略一端を挙げて、事の実を指し陳べん。

臣、伏して貞観・元慶の代を見るに、親王公卿、皆生の筑紫絹を以て夏の汗衫と為し、曝絁を表袴と為し、東絁を韈と為し、染絁を履の裏と為す。しかるを今、諸司の史生、皆白き縑を以て汗衫と為し、白き絹を表袴と為し、白き綾を韈と為し、菟褐を履の裏と為す。その婦女は、下侍婢に至るまで、裳は斉紈に非ざれば服せず、衣は越綾に非ざれば裁せず。紅袖を染むる者は、その万銭の価を費し、練衣を擣つ者は、一砧の間に裂けぬ。自余の奢靡、具に陳ぶること能はず。

昔は、季路が縕袍にして狐狢の麗服に恥ぢす、原憲が藜戸にしてなほ駟蓋の栄暉を蔑ろにす。これ賢哲の高規なり、庸人の克念に非ず。故にその僭差を見れば、競ひて相放ひ効ふ。その倹約を観れば、遁ひに以て嘲り嗤る。富める者はその志を逞しうすることを誇り、貧しき者はその及ばざるを恥づ。ここに一領の衣を製して、終身の産を破り、一朝の饌を設けて、数年の資を尽す。田畝これがために荒蕪し、盗徒これによりて滋く起る。かくのごとくして禁ぜずんば、恐らくは聖化を損せん。

伏して望むらくは、人の品秩に随ひ、衣服の制を立てん。検非違使をして、その越溢を糺さしむ。また飫宴の制は、頻りに格式に張れり。しかるをこの法、常に上よりこれを破り、下をしてこれに效はしむ。重ねて望むらくは、検非違使をしてこの制を張り行はしめんことを。

また王臣より以下、庶人に至るまで、追福の制、飾終の資、その階品に随ひて皆式の法を立てよ。しかるを比年、諸ゝの喪家、その七七日の講筵、周闋（忌）の法会、競ひて家産を傾け、盛んに斎供を設く。一机の饌、堆きこと方丈に過ぎ、一僧の儲、費千金を累ねたり。或は他家に乞ひ貸り、或は居宅を斥け売る。孝子も遂に逃債の逋人となり、幼孤も自ら流冗の餓殍となる。

それ以みれば、顧復撫育の愛を蒙る者、誰か追遠報恩の志なからむ。然れども、この功徳を修すること、宜しく程章あるべし。あに必ずしも子孫の破産を待ちて、以て父祖の得果を期すべけんや。いはむやこの斎を修するの家、更に弔客の饗を設くるをや。献酬交錯すること、宛も飫宴のごとし。初めは匍匐の悲みありて、俄かに酣酔の興を成す。孔子、喪ある者の側に食するときは、いまだ嘗て飽くまでせず。あにそれかくのごとくならんや。ただし郊畿の内、道場一に非ず。故に検非違使、禁止するに遑あらず。

伏して望むらくは、申ねて公卿大夫・百官諸牧に勅し、各々この僭濫を慎み、天下の庶民をしてその節制を知らしめんことを。

また維摩・最勝の竪義僧等、皆貧道修学の輩なり。一鉢の外に、また他の資なし。しかるを比年、これをして盛んに僧綱幷びに聴衆の斎供を儲けしむ。ただに饌を積み山を成すのみに非ず、猶また酒の淮のごとくなるものあり。すでに仏律に乖きて、また聖化に害あり。

伏して望むらくは、僧綱を誡めて、早くこの禁を立てんことを。伏して以みれば、上率ゐ正さざるときは、下自ら差ひ忒ふ。もし卿相法を守り、僧統制に随はば、源澄みて流自ら清く、表正しく影必ず直からん。

⑶一、請ふらくは、諸国に勅して見口の数に随ひ口分田を授けんことを

右、臣伏して諸国の大帳を見るに、載せるところの百姓、大半以上は、これ無身の者なり。ここに国司、偏へに計帳に随ひて、口分田を宛て給ふ。即ち正税を班ち給ひて、調庸を徴納す。ここにその身ある者は、纔かに件の田を耕作し、頗る租調を進る。その身なき者は、戸口一人私に件の田を沽り、曾て自ら耕さず。租税調庸に至りては、遂に輸納の心なし。

謹みて案内を検するに、公家（朝廷）の口分田を班つ所以は、調庸を収め正税を挙せむがためなり。しかるを今、すでにその田を奸して、終にその貢を闕く。牧宰空しく無用の田籍を懐き、豪富弥々并せ兼ねて地利を収む。ただ公損の深きのみに非ず、また吏治の妨を成す。今、諸国をして実の見口を閲し、その口分田を班ち給はしむべし。その遺田は、国司収りて公田と為し、任《まま》に以て沽却せむ。もし地子を納むれば、以て無身の民の調庸租税に充てん。なほ遺らんところの稲は、不動に委納せん。今略その応輸の数を計ふるに、百姓の進むるところの調庸に三倍せり。公のために利あり、民のために煩ひなし。これ皆国宰専らに行ひて、殊なる妨げなかるべし。然れども、事は旧例に乖けり。恐らくは民の愁ひあらんことを。伏して望むらくは、諸国に勅し、試みに施し行はしめよ。

(4)一、請ふらくは、大学の生徒の食料を加へ給はらむことを

右、臣伏して以みるに、国を治むるの道は、賢能を源と為す。賢を得るの方は、学校を本と為す。ここを以て古者は明王、必ず庠序を設けて、以て徳義を教へ、経藝を習はせて、彝倫に叙《つい》づ。周礼に、卿大夫は賢能の書を王に献る、王拝してこれを受くとあり。道を尊び士を貴ぶ所以なり。

伏して古記を見るに、朝家の大学を立つるや、始め大宝年中に起り、天平の代に至りて、右大臣吉備（真備）朝臣、道藝を恢弘し、親自ら伝へ授く。即ち学生四百人をして、五経・三史・明法・算術・音韻・籒篆等の六道を習はしむ。その後、代々勅を下し、罪人件の（大伴）家持が越前国加賀郡の没官田一百余町、山城国久世郡の公田四十余町、河内国茨田・渋川両郡の田五十五町を給はりて、以て生徒の食料に充つ。号けて勧学田と曰ふ。また日ごとに大炊寮の百度の飯一石五斗〔人別三升、五十人の料。〕を給はりて、もて照読の疲れを補ふ。また勅あり、常陸国をして、年ごとに稲九万四千束を挙げ（出挙し）、その利稲をもて寮中の雑用料に充てしめ、また丹後国の稲八百束を挙げ、その利稲をもて学生の口味料に充つ。

しかるに年代漸く久しくして、こと皆睽違す。承和年中に、伴善男、家持の罪なきことを訴へしかば、加賀郡の勧学田を返し給ふ。また勅あり、山城国久世郡の田三十町を分ち四分と為し、その三分は典薬左右馬の三寮に給ふ。纔かにその一分を留めて、学生の料に充つ。また河内国両郡の治田は、頻りに洪水に遭ひて、皆大河と成りたり。また常陸・丹後国の出挙の稲、度々の交替の欠によりて、本稲皆失せて利稲あることなし。当今に遺るところは、ただ大炊寮の飯料米六斗、山城国久世郡の遺田七町ならくのみ。この小き儲をもて数百の生徒に充つるに、薄き粥に作るといへども、また周からず。

然れども学生等、成し立つるの望みなほ深く、飢寒の苦自ら忘れたり。各々鑽仰を勤め、共に学館に住す。ここに性利鈍あり、才愚智異り、或は捍格して用ゐがたき者あり、或は穎脱して嚢を出づる者あり。通計してこれを論ずれば、中才以上の者、曾て十分が三四もなし。これによりて才士はすでに超擢して挙用せられ、不才の者は衰老して空しく帰す。またその旧郷凋落して、帰託する所なき者は、頭に白雪の堆を戴きて、飢ゑて壁水の涘に臥せり。ここに後進の者、偏へにこの輩の群を成すを見て、即ち以為へらく、大学はこれ迍邅坎壈の府、窮困凍餒の郷なりとおもへり。遂に父母相誡めて、子孫をして学館に歯《つら》ならしむることなきに至るなり。これによりて南北の講堂、鞠りて茂草と為り、東西の曹局、闃として人なし。

ここに博士等、貢挙の時に至るごとに、ただ歴名をもて士を薦む。曾て才の高下、人の労逸を問はず。請託これによりて間々起り、濫吹これがために繁く生る。権門の余唾に潤ふ者は、羽翼を生して青雲に入り、闕里の遺蹤を蹈む者は、子衿を詠じて黌舎を辞す。かくのごとく陵遅して、興復するに由なし。先王の庠序、遂に丘墟と成りたり。

臣伏して以みるに、人を萃《あつ》むるの道は、食をもて本と為す。望み請ふらくは、常陸・丹後両国の出挙の本穎九万四千八百束が利稲、二万八千四百四十束の代は、遍く諸国田租の穀をもてこれを充て給ひ〔縁海の国半分、坂東の国半分。」、以て学生等の食に充て給はらむことを。また罪人伴善男が返し給はるところの加賀郡の田は、重ねてまた没官して、穀倉院に給はしめ、道橋を造る料に充て給はしめよ。

重ねて望むらくは、旧によりて件の田を返し給ひ、もて勧学田と為さむことを。また式に云はく、学生寮家に任せずは、薦挙することを得ずてへれば、比年この式ありといへども、張行すること能はざるは、学生の食なきによりてなり。今厳しく博士及び寮頭等に勅し、諸道の学生、才芸ありといへども、寮家に直せずは、貢挙することを得じ。かくのごとくせば挑分の徒、我が国冑に帰し、皇矣の士、彼の周行に列せん。

(5)一、請ふらくは、五節の妓の員を減ぜむことを

右、臣伏して朝家五節の舞妓を見るに、大嘗会の時の五人は、皆叙位に預る。その後、年々の新嘗会の時の四人は、叙位に預るの例なし。これによりて大嘗会の時に至りて、権貴の家、競ひてその女を進り、以てこの妓に充つ。尋常の年には、人皆辞遁して、神事を闕くべし。ここに新制あり、諸公卿及び女御をして、輪転して進らしむ。その費甚だ多くして、堪へ任ふること能はず。

伏して故実を案ずるに、弘仁・承和二代、尤も内寵を好む。故に遍く諸家をしてこの妓を択び進らしむ。以為へらく、選納の便なりと。諸家天恩に僥倖して、靡費を顧みず、財を尽し産を破り、競ひてもて貢進す。方今、聖朝、その帷薄を修め、その防閑を立つ。これらの妓女、舞ひ了りて家に帰り、燕寝に預ることなし。然らばこの妓人数、遂に何の用かある。重ねて旧記を案ずるに、昔は神女来り舞ふ。いまだ必ずしも定数あること四五人にあらず。

伏して望むらくは、良家の女子の嫁せざる者二人を択び置きて五節の妓とせん。その時服・月料、稍饒かに給はしめよ。節日の衣装は、また公物を給へ。もし貞節にして嫁せずして、十箇年を経れば、女叙に預り、出し嫁せしむることを聴せ。もし留りて侍へむことを願はば、これを蔵人の列に預けよ。その替の

人を択び置くこと、また前の年のごとくせよ。

(6) 一、旧により判事の員を増し置かむと請ふこと

右、臣伏して職員令を案ずるに、大判事二人・中判事二人・少判事二人、皆人の罪を決断ることを掌る。然れども、近古より以来、大判事一員、常に律学の人を用ゐる。その外の五人、いまだ必ずしも明法の輩を任ぜず。故に去る寛平四年（八九二）詔あり。件の大判事一人・中判事二人・少判事一人を省いて、ただ大少判事各一人を置く。然れども、なほ大判事のみ独り法家を用ゐる。少判事またその人に非ず。

今、事の意を案ずるに、この詔の旨、竊かに疑惑あり。何となれば、聖王の政は刑法を大なりと為す。昔は皐陶の大賢なるをもて理官を為す。帝舜、なほ誡めて云はく、欽きかな欽きかな、これ刑を恤へよと。光武（帝）は明察をもて刑獄を詳かにす。桓譚また奏して云はく、法吏愛憎して、刑二門を開けりと。然らば疑獄の断は、古今より難きところなり。しかるに今、万民の死生を総べ、これを一人の脣吻に繫く。五刑の軽重を括り、これを独見の讞書に決す。すでに実を閲するの理に乖けり。恐らくは濫罰の科を貽さんことを。

近ごろ、安芸守高橋良成の罪、大判事惟宗善経、これを遠流に処して、以て魑魅を禦ぐ。奏可すでに畢りて、官符もまた下れり。儻ゝ刑部大録粟田豊門の駮議により、良成の身、幸ひに赦免を蒙れり。朽骨再び肉つき、遊魂更に帰る。然らば法律の出入、信を取るべきこと難し。天下喁喁として危懼せずといふことなし。

伏して望むらくは、旧により判事六人を置き、皆明かに法律に通ぜる者を択びて、これに補任し、これをして倶に科比を議し、詳かに条章を定めしめん。各々その意を慥し、然る後に奏聞せん。かくのごとくんば、怨獄永く絶え、罪人自ら甘い、扶南の鰐魚を待たずして、あに堯時の獬豸を用ゐんや。

(7) 一、請ふらくは、平均に百官の季禄を充て給はむことを

右、謹みて式条を案ずるに、二月二十二日、八月二十二日、大蔵省に於て、百官の春夏秋冬の季禄を給ふべし。しかるを比年、官庫の物に乏しきによりて、遍く賜ふことを得ず。これによりて、公卿及び出納諸司には、年ごとに充て給はり、自余の庶官は、五六年の内に、一季料を給ひがたし。伏して事の意を案ずるに、上下階を分てり。故に禄の多少各々異なり、閑忙務殊なり。故に物の精麤同じからず。頒ち賜ふに至りては、宜しく差別なかるべし。あに倶に王事を勤めて、別に偏煦の官を置き、同じく周行に列して、式も粿国の俗に比ぶべけむや。

伏して望むらくは、季禄を給ふべくは、先づ物の多少を計へて、公卿百官、一同に遍く給はんこと、一に式文のごとくせよ。もし官庫物なくば、同じくまた賜はず、偏頗あることなけん。かくのごとくは、鳲鳩桑にありて、哺養を七子に均しくし、単醪流に投てて、酣酔を三軍に期せよ。

(8)一、請ふらくは、諸国の少吏幷に百姓の告言・訴訟により朝使を差し遣すことを停止せんことを

右、臣伏して以みれば、牧宰は万乗の憂を分ち、一方の寄を受け、六条の紀綱を惣べ、兆民の領袖たり。故に漢の宣帝の云はく、朕と共に理むる者は、それただ良二千石かと。必ずその才を択用し、その職を尊崇し、官威を重くして民心を厭し、小瑕を捨てて大成を責むべし。しかるに、比年任用の吏、或は私の怨を結び、以て官長を誣告す。所部の民、或は王事に矯け以て国宰を愁訴ふ。或は官物を犯用するの状を陳べ、或は政理の法に違へるの由を訴ふ。これらの条類、千緒万端なり。

ここに朝家、その告状を収め、使の人を発遣す。使の人国に到り、事の虚実を問はず、理の是非を弁ぜず。偏へに使の式によりて、年ごとに准擬して、その印鎰を領じて、その禁錮を厳しうす。即ち官長の貴を以て、小吏賤民と肩を比べ口を連ね、その推鞫を受く。もし辞対の間、纖芥も違ふことあれば、立に縲紲を加へ、便ち牢狴に塡つ。もしまた告訴の旨、事皆不実なりといへども、しかも威権すでに廃れて、政令行はれず。ここに隣境の百姓、転た相見聞きて、各々その官長を軽く侮り、その政教に服従することを肯んぜず。化を傷るの源、これより甚だしきはなし。

いはむやまた理劇の任、庶務多端なり。暁夕に僶俛して、なほ遑あらざることあり。しかるに今、朝使推問の間、釐務を停められたり。多く旬月を歴、空しく治政を廃す。たとひ贓吏の名を免るといへども、しかもなほ任中の怠と成る。秩満の日、遂に解由に拘はる。かくのごとくは、多く公損を致し、徒らに良吏を滅す。この訴人を助け、かの私怨に報ゆるなり。

前年、阿波守橘秘樹、所部を粛清し、その貢を底し慎む。勤王の誠、当時に第一なり。必ず殊に奨擢を加へ以て循良を励ますべし。しかるに、小民の誣告によりて、朝使の廉問を降す。事皆虚詐にして、告人逃亡せりといへども、しかも秘樹が身、また癈人と為る。かくのごとくは、恥を知るの士、誰か吏たることを冀はむや。

方今、時代澆季して、公事済し難し。故に国宰の治、事々正法に拘牽すること能はず。故に或は尺を枉げて尋を直くする者あり、或は始めを失ひて終りを全くする者あり。昔は龔遂渤海の守として、奏して曰く、丞相御史に勅し、且つ臣を拘ること文法をもてすることなかれ。便宜を得て、事に従はしめよと請ふ。また本朝の格に云はく、国宰、経に反き宜を制し、動もすれば己がためにせざる者、将に寛恕に従ひ文法に拘ることなかれてへり。

伏して望むらくは、此等の告言・訴訟、謀叛・大逆の外を除きて、一切に朝使を停止し、専ら新司に付せよ。もし実に犯過あらば、具さに不与解由の状に載せ、勘判の後、刑官を下し、その罪科を論ぜよ。

或ひと難じて云はく、凡そその貪吏の官物を盗める、宜しく速かに糺察を加ふべし。もしその任終を待たば、恐らくは倉庫余りなけむと。答へて云はく、たとひ人ありて吏の盗贓を告げ申す。ここに太政官、軽騎を馳せ、昼夜兼ね行きて、その姧を禁遏せば、事爾るべきがごとし。しかるに今、訴人の告状、三審を歴るの程、奏可を待つの比、使人を択び定むるの間、装束行程の限、事自ら弥留して、年紀を度り歴ん。

その間もし盗犯に心あらば、あに遑ありて一粒を遺さむ。然らばかの後司に付けると、何の分別かあらん。いはむやこの牧宰等、身は帝簡より出でて、志は朝恩を報ず。ただに績を明時に立てんことを求むるのみに非ず。また皆名を後代に垂れんことを念ふものなり。故に比年この罪に陥れる者、皆公のために功を謀り、いまだ成らざるの間、俄かに告言せらるるのみ。いまだ曾て自ら犯して己を入れし人あらず。静かにその意を尋ぬるに、誠にこれ公の罪なり。伏して望むらくは、暫く天旒を褰げ、その可否を照さんことを。

(9)一、請ふらくは、諸国の勘籍人の定数を置かむことを

右、謹みて案内を検するに、三宮の舎人、及び諸親王の帳内・資人、諸大夫・命婦の位分の資人、諸勘籍人、諸衛府の舎人、式兵二省の季符に載せたる者、一年四季の内、稍ゝ三千人に及べり。また略本朝の課丁を計ふるに、五畿内、陸奥・出羽両国、及び大宰九箇国を除く外、四十万人に満たず。就中に大半はこれその身あることなし。然らば見の課丁、纔かに十余万人あり。今、十余万人の中、年ごとに三千人の課役を除く。傍薄してこれを論ずるに、四十年に盈たず、天下の人、皆不課の民となすべし。然らば国宰は、何人をしてか調庸を備へ進らしめん。これによりて国宰は蠲符を奉行し、富豪見丁の課役を除く。更に無実の課丁を以て、計帳に括出す。故に例進の調庸、自然に徴るべき門なし。然らば調庸の備へ難きこと、曾て国宰の怠りに非ず。都てこれ蠲符の猥れ濫れたるが致すところなり。しかるを今この怠りにより、遂に未得解由と為ること、あに悲しからずや。

或ひと難じて云はく、三宮の舎人、帳内・位分の資人等、古来充て給はるところなり。然れども累代蠲符に、この妨げあることなし。今当時に至りて、何ぞ異論を出すかと。答へて云はく、凡そ諸の勘籍人等の符損・符益、通計して蠲符に載すべきこと、具さに式条にあり。しかるに今、比年下すところの蠲符の損、百人が仲に、符益一人もなし。また近古の諸家、一たび資人を得て、また改め補することなし。しかるに比年、資人に補して後、三宮及び諸司の内考に遷転し、重ねてまた改め請ふ。ここに三省の史生・書

生等、縁に因りて姧を為し、或は本主に觸れず、国解によらず、偽りて勘籍と称して、猥りに季符に載す。その尤も甚だしきは、本主一人を補せざるに、省底すでにその数を盈つ。かくのごときの姧濫、日に以て加へ倍る。公損の甚だしきこと、これより過ぎたるはなし。

伏して望むらくは、件等の勘籍人、国の大小に随ひ、年ごとにその定数を立て、大国には一年に十人、上国は七人、中国は五人、小国は二人、以て钃符に載せ、この外は一人を加へ増すこと得ざれ。また旧例に、近江国一年に百人を免じ、丹波国免五十人なり。両国の凋残、職としてこれに由るなり。今この例に因准して、近江国は十人に減定し、丹波国は七人に減定すべし。またその勘籍の解文は、必ず二通官に進む。その一通は官底に留め、一通は外題を加へ、式部省に下す。省の季符を進るの日、官底の解文と勘へ合せ、然る後に請印せよ。また钃符に載せたところ、符損多く符益少き者は勘返して、請印することを得ざれ。ただし京戸五畿内は、この制に拘らざれ。冀くは調庸納め易くし、牧宰煩ひなからんことを。

⑽一、請ふらくは、贖労の人をもて諸国の検非違使及び弩師に補任することを停めむことを

右、諸国の検非違使、境の内の姧濫を糺し、民間の凶邪を禁ずることを掌る。然らば国宰の爪牙、兆庶の銜策なり。必ずすべからく明かに法律を習ひ、兼ねて決断を詳かにすべし。しかるに今、この職に任ずる者、皆これ当国の百姓、贖労料を納るる者なり。徒らに公俸を費し、役に差すに堪へず、空しくその名を帯し、曾てその器に非ず。またなほ画餅の食ふべからず、木吏の言ふこと能はざるがごとし。

伏して望むらくは、明法の学生を監試して、この職に宛て任じ、その試法は一に明経・国学の試のごとくにして、国中の追捕及び断罪は、一向にこの検非違使に委せむこと、なほ京下の判事及び検非違使あるがごとくせよ。

また縁辺の諸国に、各々弩師を置くことは、寇賊の来り犯すを防がんがためなり。臣伏して本朝の戎器を見るに、強弩を神なりと為す。その用たること、逐ひ撃つに短にして、守り禦くに長ぜり。古語に相伝へて云はく、この器は神功皇后の奇巧妙思ありて、別に製作したまへるところなりといへり。故に大唐に弩の名ありといへども、曾てこの器の勁利なるにはしかず。臣伏して陸奥・出羽の両国を見るに、動もすれば蝦夷の乱あり。大宰管内の九国に、常に新羅の警あり。自余の北陸・山陰・南海の三道の海に浜へる国、また皆隣寇に備ふべき者なり。

しかるに今、件の弩師は、皆年給に充て、斥け売らしむることを許す。ただ価直の高下を論じて、才伎の長短を問はず。故に充て任ずるところの者、軍器の弩あることを知らず。いはむや機弦の用ふるところを暁らんや。たとひ天下太平に、四方無虞なりとも、なほ安けれども危きことを忘れず、日に一日を慎むべし。いはむや万分が一に、もし隣寇の死を挑まん者あらば、空しくこの器を懐きて、孰れの人か施用せんや。

伏して望むらくは、六衛府の宿衛等をして、弩射の術を練習し、その才伎を試み、その功労に随ひ、件等の国の弩師に充て任ぜよ。然らば人才は名に適ひ、城戍守り易からむ。

⑾一、請ふらくは、諸国僧徒の濫悪及び宿衛舎人の凶暴を禁ぜむことを

右、臣伏して去る延喜元年（九〇一）の官符を見るに、すでに権貴の山川を規め錮め、勢家の田地を侵し奪ふことを禁じ、州郡の枳棘を芟り、兆庶の蝥蠈を除ふ。吏の治施し易く、民の居安きことを得たり。ただなほ凶暴邪悪の者は、悪僧と宿衛となれり。

伏して以みれば、諸寺の年分及び臨時の得度の者、一年の内に、或は二三百人に及ぶ。就中、半分以上は、皆これ邪濫の輩なり。また諸国の百姓の課役を逃れ租調を逋《のが》る者、私に自ら髪を落して、猥りに法服を着る。かくのごとき輩、年を積みて漸く多し。天下の人民、三分が二は皆これ禿首の者なり。これ皆家に妻子を蓄へ、口に腥膻を啖ふ。形は沙門に似たれども、心は屠児の如し。いはんやその尤も甚だしき者は、聚りて群盗を為し、竊かに銭貨を鋳る。天刑を畏れず、仏律を顧みず。もし国司、法によりて勘糺するときは、霧のごとくに合ひ、雲のごとくに集りて、競ひて暴逆を為す。前の年に安藝守藤原時善を攻め囲み、紀伊守橘公廉を劫略するは、皆これ濫悪の僧、その魁帥たり。たとひ官符遅く発し、朝使緩く行かましかば、時善・公廉、皆魚肉たらまし。もし禁め懲すの制なくば、恐らくは防衛の方に乖かむことを。

伏して望むらくは、諸ゝの僧徒の凶濫ある者は、登時追捕して、度縁・戒牒を返し進らしめよ。即ち俗服を着せ、本の役に返し附けよ。また私度の沙弥のその凶党たる者は、即ち鉗鈦を着かせ、その身を駈り役へしめよ。

また六衛府の舎人は、皆すべからく月ごとに番を結び、暁夕に警め備へて、当番は兵欄に陪侍し、他番は京洛に休寧せしむべし。〔東西の帯刀町、これその住所なり。〕もし機急あれば、また当番と他番と倶に防衛に勤むべし。しかるに今、件等の舎人、皆諸国に散落、或は千里郵駅の外、百日行程の境にあり。あに門籍に名を編み、宿衛番を分つことを得む。これ皆部内の強豪、民間の凶暴なる者なり。国司、法によりその辜を勘糺するときは、駿く奔り洛に入りて、銭貨を納れ、買ひて宿衛と為る。或は徒党を帥ゐて、国府を劫し囲む。或は老拳を奮ひて、もて官長を凌辱す。凡そその蠹害、ただ疥癬のみに非ず。

それ以《おもん》みれば、衛卒を選び置くことは、警急に備へむがためなり。しかるを今、遠く甸服に在り、京畿に居らず。たとひ皇都に虞なくば、この輩何が用ゐむ。もしそれ急かなることあらば、奔り赴くとも及ぶことなけむ。然らば、徒らに諸国の豺狼として、曾て六軍の貔虎に非ず。

望み請ふらくは、諸衛府の舎人、充て補す後、本国に帰住することを得ざれ。もし寧帰する者あらば、各仮の日を限りて、本府の牒を取り、国衙に附け送り、限の外に留連することを得ざれ。もしなほ懈緩して還らずは、国宰且つはその職を解き、且つは事状を録して本府に牒送せよ。かくのごときは、猨臂肩を門欄に比べ、狗吠驚くことを警め州壌に休めむ。

⑿一、請ふらくは、重ねて播磨国の魚住の泊を修復せむことを

右、臣伏して山陽・西海・南海三道の舟船海行の程を見るに、檉生《むろう》（室津）の泊より韓《からさき》の泊に至ること一日行、韓の泊より魚住の泊に至ること一日行、魚住の泊より大輪田の泊に至ること一日行、大輪田の泊より河尻に至ること一日行。これ皆、行基菩薩、程を計り建て置けるところなり。しかるに今、公家ただ韓の泊・輪田の泊を修造して、長く魚住の泊を廃つ。これによりて公私の舟船、一日一夜の内に、兼ね行きて韓の泊より輪田の泊を指す。冬の月、風急かに暗夜星稀なるに至りては、舳艫の前後を知らず、浜岸の遠近を弁ふることなし。帆を落し檝を棄てて、居然として漂没す。これによりて、年ごとに舟の蕩覆する者、漸〻百艘に過ぎ、人の没死する者、ただ千人のみに非ず。昔は夏禹の仁、人を罪しなほ泣く。いはむやこれ等の百姓、皆王役に赴かんをや。伏して惟みれば、聖念必ず哀矜を降すべき者なり。

臣伏して旧記を勘ふるに、この泊は天平年中に建立せるところなり。その後、延暦の末に至るまで、五十余年、人その便を得たり。弘仁の代に、風浪侵し齧ひて、石頽れ沙湮めり。天長年中に、右大臣清原（夏野）真人、奏議し起請して、遂に以て修復す。承和の末に、またすでに毀壊しぬ。貞観の初めに至りて、東大寺の僧賢和は、菩薩の行を修し、利他の心を起す。石を負ひ鍤を荷ひ、力を尽し功を底《いた》す。単独の誠、その業を畢へずといへども、年紀の間、その利を蒙らずといふことなし。賢和入滅して、稍〻四十年に及ぶ。人民の漂没すること、勝《あ》げて数ふべからず。官物の損失すること、また巨万を累ねたり。

伏して望むらくは、諸司の判官の幹了にして巧思あらむ者を差し、件の泊を修造せしめ、その料物は播磨・備前両国の正税を充て給はん。冀くは早く聖朝手を援くるの仁を降し、天民の魚と為るの歎きを脱れしめよ。凡そその便宜、具さに去る延喜元年に献ずるところの意見の中に載せたり。更に重ねて陳べず。

延喜十四年（九一四）四月二十八日

従四位上式部大輔三善朝臣清行上る。

⑧ 奉左金吾藤納言書

【本文】

奉左金吾藤納言書〈善八〉

某謹言。伏聞。今年依穢停止新嘗会事。准先例。於外記局。点諸大夫見参。可充給其禄、伏以。所謂先例。頗異当時。何者彼例。偏是有穢停会。即為優恩。随其見参給禄而已。今年疫瘡流行。庶苦沈。其五位以上。或其身困篤。或妻子喪亡。纔得痊愈者。容顔気力。猶未如人。而□剋期点参者。必忍病扶力。為禄妄進。恐犯禁忌。重招憂患。恐沈困之人。不勝冠帯。若求見参。則北賜無覃。此非朝恩。惻隠之本意也。加以。近日京洛之中。家々有死喪之穢。縦令貪求之輩。忍穢猥著外記之座者。恐重妨今月廿八日之神事也。伏見近有恩赦。已蕩大辟以下之罪。由是諸大夫雑怠。事無大小。不可責求。然則除未得解由之外。唯随歴名。充給此禄。不更点其見参。庶幾雨露恩漏。病樹更栄。吹煦仁深。枯骨再肉。伏惟台閤。聊以奉幸令施行。此則聖朝寛弘之美。台閤陰徳之至也。某謹言。

延喜十五年十一月廿一日　　式部大輔三善朝臣

左金吾大将軍幕下

（新訂増補国史大系『政事要略』巻第二十六・中卯新嘗祭事）

【訓読】

左金吾（左衛門督）藤納言（藤原中納言定方）に奉る書〈善八〉

某謹みて言す。伏して聞くらくは、今年穢に依りて新嘗会を停止する事、先例に准ず。外記局に於て諸大夫の見参を点じ、その禄を充て給ふべし。伏して以《おも》ふに、いはゆる先例は、頗る当時と異れり。何となれば、彼の例、偏へに是れ穢有らば、会を停め、即ち優恩として、其の見参に随ひて禄を給するのみ。今年疫瘡流行し、衆庶苦沈す。其れ五位已上、或は其の身困篤、或は妻子喪亡、纔かに痊愈を得る者、容顔気力、なほ未だ人の如からず。而して剋期に参る者を点ずれば、必ず病を忍び力を扶け禄の為に妄進して、恐らく禁忌を犯し、重ねて憂患を招き、恐らく沈困の人、冠帯に勝たず。もし見参を求むれば、則ち此の賜も覃《たん》無し。此れ朝恩惻隠の本意に非るなり。加ふるに近日京洛の中、家々に死喪の穢有り。縦令へ貪《ひん》求の輩、穢を忍び猥りに外記の座に着かば、恐らく重ねて今月二十八日の神事を妨ぐるなり。伏して見るに、近く恩赦有りて、已に大辟以下の罪を蕩《のぞ》かば、是に由りて諸大夫の雑怠、事の大小と無く、責求すべからず。然れば、未だ解由を得ざるを除くの外、唯歴名に随ひて此の禄を宛て給ひ、更に其の見参を点ぜず。

庶幾くは、雨露の恩満ち、病の樹更に栄え、吹煦の仁深く、枯骨再び肉づかんことを。伏して惟ふに、台閣（藤原定方）、聊か奉幸を以て施行せしめたまへ。此れ則ち、聖朝寛弘の美、台閣陰徳の至りなり。某、謹みて言す。

延喜十五年（九一五）十一月二十一日　　　式部大輔三善朝臣（清行）

左金吾大将軍幕下

⑨　請禁深紅衣服奏議

【本文】

請禁深紅衣服奏議　〈善〉

臣清行謹言。昔者伏犧。受河図而画八卦。夏禹洛書以陳五行。由是洪範休咎之占。陰陽眚祥之験。察然在眸。宛如指掌。臣清行誠惶誠恐頓首死罪。臣伏見。天安以往。男女貴賤衣袴。皆染以支子。貞観以来。改以深紅之色。当時号之曰火色。転相放□漸似緹纁。亦号之曰焦色。臣竊以此近服妖也。又衣服有焦火之名。此語妖也。其後元幾。宮中及京師。頻有火災。天下騒動。古今未有。至于仁和。禁制此色。勅検非違使看督等。罪其著用者。時右大臣源朝臣。著深紅襖子。爰左衛門権佐小野春風。為検非違使。趍進跪大臣後。請割此衣。大臣雖有慍色。事然勅命。黙然無言。帰第褫去。不敢服用。誠雖春風之麤嚚。亦是丞相之謹慎也。而延喜七八年以後。京師盛好此服。朝廷雖施禁令。更亦舒緩。較年以来。弥増深濃、其尤甚者、以紅花廿斤。染絹一疋。伏案。洪範論云。言不従者木治金也。其応旱火。又云。僣恒陽若其罸荒旱灾火。而今自去八月。又無雨沢。井泉枯竭。壠畝之間。宿麥不生。又十五年(四)左京大火。焼数百家。先皇太后宮及諸大家。多為煨燼。此蚤冬東大寺失火。焼講堂僧房百余間。又右京中処々有火。焼小民廬舎。不可勝数。由是閭巷之中。詭言尤甚。遞相警擾。夜不能寝。此皆火色妖言之応。陽若各添之徴也。加以比年市廛之間。紅花増貴。一斤直銭一貫文。今以廿斤染絹一疋。則当用銭廿貫文。此則中民二家之産也。況令婢妾一人所著。非唯五六疋乎。然則以十家終身之畜。為一婢淶之餝。諸□櫱爛。士庶飢寒。農畝為之荒廃。盗徒由是繁興。其為傷害。過於旱火。伏冀。早勅有司。厳張先令。夫以公卿者。万姓之所具瞻也。嬪御者。六宮之所規範也。重望。内誡掖庭椒房。外勅槐位棘座。各改其服。率先下民。然則妖詭自絶。災咎可消。但浅紅軽黄。未及火色者。不在制限。不任悽々之至。謹以奏議以聞。清行誠恐誠惶頓首々々死罪々々謹言。

延喜十七年十二月廿五日　参議従四位上守宮内卿三善朝臣清行

（新訂増補国史大系『政事要略』巻第六十七・男女衣服幷資用雑物等事）

【訓読】

深紅の衣服を禁ぜんことを請ふ奏議〈善〉

臣清行謹みて言す。昔は伏犧、河図を受けて八卦を画き、夏禹、洛書を賜ひ、以て五行を陳ぶ。是に由りて洪範休咎の占、陰陽眚祥の験、察然として眸に在り。宛も掌を指すが如し。臣清行、誠惶誠恐、頓首死罪。臣伏して見るに、天安以往、男女貴賤の衣袴、皆染るに支子を以てす。貞観以来、改めて深紅の色を以てす。当時これを号して火色と曰ふ。転相放□漸く緹纁に似たり。亦これを号して焦色と曰ふ。臣竊かに以《おも》ふに、此れ服妖に近きなり。又衣服に焦火の名有り。此の語も妖なり。其の後幾《いくばく》も無く、宮中及び京師、頻りに火災有り。天下の騒動、古今未だ有らず。仁和に至りて此の色を禁制し、検非違使・看督等に勅して、其の著用する者を罪す。時に右大臣源朝臣（多）、深紅の襖子を著す。爰に左衛門権佐小野春風、検非違使と為り、趍き進みて大臣の後に跪き、此の衣を割んことを請ふ。大臣、慍色有りと雖も、事は勅命に然り。黙然として言無く、第に帰り、褫に去り、敢て服用せず。誠に春風の靡麗、亦これ丞相の謹慎なり。而るに延喜七八年以後、京師盛んに此の服を好む。朝廷禁令を施すと雖も、更に亦舒に緩めり。数年以来。弥ゝ深濃を増す。其の尤も甚しきは、紅花二十疋を以て絹一疋を染む。

伏して案ずるに、洪範の論に云はく、言従はざれば木沴金なり。其れ応に旱火ならん。又云はく、僭恒暘若なれば、其の罰荒旱灾火ならん。而るに今、去八月より天（又カ）雨沢無し。井泉枯竭し、壠畝の間、宿麦生ぜず。又十五（実は四）年、左京の大火、数百の家を焼く。先の皇太后宮（班子女王）及び諸大家、多く煨燼と為れり。此の蚤冬、東大寺の失火、講堂僧房百余間を焼く。又、左右京中の処々に火有り、小民廬舎を焼く、勝《あ》げて数ふべからず。此れに由り閭巷の中に詭言尤も甚し。遞相警擾、夜寝る能はず。此れ皆、火色妖言の応、暘若咎泳（沴カ）の験なり。加ふるに比年市廛の間、紅花は貴を増し、一斤の直銭一貫文、今二十斤を以て絹一疋を染む。則ちまさに銭二十貫文を用ふべし。此れ則ち中民二家の産なり。況んや今、婢妾一人の著る所、唯に五六疋に非ず。然れば、十家終身の蓄を以て一婢浹日の飾を為す。諸□爨爛、士庶飢寒、農畝これが為に荒廃し、盗徒これに由りて繁く興れり。それ傷害を為し、旱火に過ぐ。伏して冀ふらくは、早く有司に勅して、厳に先令を張らしめよ。それ以て公卿は万姓の具瞻する所なり。嬪御は六宮の規範する所なり。

重ねて望むらくは、内に掖庭椒房を誡め、外に槐位棘座に勅して、各々その服を改め、下民に率先せよ。然れば妖詭自ら絶え、災咎消ゆべし。但し浅紅軽黄、未だ火色に及ばざれば、制限に在らず。悽々の至りに任へず。謹みて奏議し以て聞す。清行、誠恐誠惶、頓首々々死罪々々、謹みて言す。

延喜十七年（九一七）十二月二十五日　参議従四位上守宮内卿三善朝臣清行

Ⅱ 伝記

藤原保則像
（原図『前賢故実』）

智証大師（円珍和尚）像
（原本 香川県善通寺市の金倉寺所蔵）

⑩　天台宗延暦寺座主円珍伝

輸林学士善清行撰

【本文】

天台宗延暦寺座主円珍伝

（Ⅰ　生い立ち）

天台宗延暦寺第五座主入唐伝法阿闍梨少僧都法眼和尚位円珍。俗姓和気公。讃岐国那珂郡金倉郷人也。父宅成。頗殖資産。兼有行能。為郷里所帰服。母佐伯氏。故僧正空海阿闍梨之姪也。嘗夢。乗大舸浮巨海。仰見朝日初出。光耀赫奕。将以手捉之。爰日更如飛箭。来入口中。覚後以夢語其夫。夫答曰。此吉徴也。当生賢子。無幾懐妊。遂誕和尚。和尚岐嶷機警。幼有老成之量。両目有重童子。又頂骨隆起。形如覆杯。遠而視之。似有尖頭。実是霊骸特峙也。年始八歳。語其父云。内典之中。可有因果経。羨令我誦習。其父驚異。即求而与之。和尚得之大悦。朝夕誦読。未嘗休廃。郷閭視之者。莫不歎異。年十歳。読毛詩。論語。漢書。文選。一所閲習。即以誦挙。十四辞家入京。十五随叔父僧仁徳。初登叡山。仁徳語云。児器宇宏邃。誠非凡流。吾是短綆之量。難測其浅深焉。須請業碩学期彼大成。即託前入唐尋教沙門第一座主義真和尚。和尚嘉其才量。尽意善誘。授之於法華金光明。大毗盧遮那等大乗経。及自宗章疏。年至十九。奉年分試。時試業師。及証師等。見其秀抜。深加精覈。異問鋒起。遞相攻伐。和尚摳電弥激。懸河更注。事出問表。疑銷詞端。耆徳後輩。為之歎服。於是勅使深加嘉異。処之甲第。其年受戒為僧。依例蟄山。于時天長十年四月十五日也。其後経歴一紀。堪忍艱険。或度旬飢頓。或入冬単寒。全護戒律。精練修学。名誉稍聞。遂塡天下。深草天皇屢降綸旨。殊加慰問。兼給資粮。寵遇隆渥。多超時輩。初承和五年冬月。和尚昼坐禅於石龕之間也。忽有金人現形云。汝当図昼我形。慇懃帰仰。和尚問云。此化来之人。方以為誰乎。金人答云。我是金色不動明王也。我愛念法器。故常擁護汝身。汝須早究三密之微奥。為衆生之舟航。爰熟見其形。魁偉奇妙。威光熾盛。手捉刀劒。足蹈虚空。於是和尚頂礼。意存之。即令画工図写其像。像今猶有之。僧年十有余。寺中衆僧。大小帰伏。受業者居多。当時名儒有識。通好結契者。稍傾京洛。尤与図書頭惟良貞道宿祢。有忘言之契。毎至対語。終日竟夜。清言無倦。相惧論難内外之疑義。質正経籍之謬誤。誓云。緇素雖異。契為兄弟。生々世々之中。無缺交執之志。和尚一十二年。究閲経論。其中疑滞。無人撃蒙。率然馳心。思遊西唐。承和十一年。満紀出山。十三年七月廿七日。寺衙牒云。満山大衆議云。円珍大徳。雖年歯未深。習学顕密。博覧他宗。才操超倫。智略尤深。須擬任自宗学頭。令之陶練長幼。進退上下者。寺衙随牒。永為後験云々。同年冬十月。和尚為上翊聖主。下鎮率土。於松尾明神社。発願誓云。願我毎年五月八日。十月八日。於比叡明神社頭。講演法華。仏名等大乗経。以為一生之事。即於彼社。始修講事。嘉祥元年春。和尚夢。日光将隠西山。有一異人。以縄繋日。以授和尚。和尚取縄。徐引之。日乃再中。正成停午。光彩煥炳。普照天下。覚後遍問諸僧。或云。和尚念願有感。主上延祚之徴也。或云。和尚慧光昭耀。仏日更明之象也。僧年十五。主上擢為定心院十禅師。此歳正月。為大極殿吉祥斎会聴衆。弁論泉涌。究微入妙。道俗聞之者。莫不歎服。更於御前。与法相宗智徳。論決大義。問難激揚。弁捷如電。故為其答対者。詞窮理尽。自如木舌焉。名誉俄播。喧聒朝野。嘉祥三年春。夢。山王明神告云。公早可遂入唐求法之志。勿致留連。和尚答云。近来請益闍梨和尚仁公。究学三密。帰著本山。今何遑汲汲於航海之意乎。神重勧云。如公語者。世人多剃髪為僧。公何以昔者汲汲於剃髪之志焉。明年春。明神重語云。沙門宜為求法忘其身命。況今公利渉之謀。有万全之冥助乎。努力努力。勿生疑慮。和尚夢中許諾。乃録意旨。抗表以聞。主上深感懇誠。便蒙許可。僧年十八。有別勅。補内供十禅師。其太政官牒云。得玄蕃寮解偁。僧正泰景等解状偁。前件大法師。精通戒律。持念真言。苦節年深。勤行匪懈。伏請準勅。挙充内供奉持念禅師者。謹検去宝亀三年三月六日勅。京畿七道諸国。簡択苦行精勤。少欲知足。為内供奉。割正税稲。以給資粮。無有所乏者。僧円珍。合充件選云云。此牒非例也。為表和尚徳行。特出褒美之辞焉。

（Ⅱ　入唐求法）

仁寿元年四月十五日。和尚辞京向太宰府。遂入唐之志也。同三年七月。解纜進発。天安二年帰本朝。乃奉奏状叙在唐行事。兼陳意趣本末。其辞云。円珍伏以。承和聖上登極之載。〔天長十年也。〕年分奉試。読大毗盧遮那経。及第蒙度。依式一紀棲山。習学遮那止観之宗。而毎披天台山図。恒瞻華頂石橋之形勝。未遇良縁。久以存思。爰至田邑聖主享国。伏蒙特賜恩許出界。嘉祥四年四月十五日。辞京輦向太宰府。五月二十四日。得達前処。以無便船。暫寄住城山四王院。更蒙天恩。賜給月粮。少監正六位上藤原朝臣有蔭。筑前介正六位上紀朝臣愛宕麻呂。勾当其事。至仁寿二年閏八月。値唐国商人欽良暉交関船来。三年七月十六日。上船。到値嘉島。停泊鳴浦。八月初九日。放船入海。十三日。申時。望見高山。縁北風敏。十四日。辰頭。漂到彼山脚。所謂流求国喫人之地。四方無風。莫知所趣。忽遇巽風。指乾維行。申刻見小山。子夜至止脚下。十五日。午時。遂獲著岸。而未知何国界。便問所在。知此大唐国嶺南道福州連江県堺。于時国号大中七年矣。合船喜躍。如死得蘇。十六日。上州。便宿海口鎮。鎮将朱浦。慇懃安存。具状申州。十七日。達州下郭門外巡。竝報主使。当時観察使金紫光禄大夫御史中丞福建都団練処置等使兼福州刺史韋署。差使軍将林師準存問。十九日。上州。相看左廂都虞侯兼押衙林師廙。纔見喜歓。猶如旧識。廿一日。相看観察使。非甚顧問。安堵於開元寺。優給生料。兼仰綱維。供給熟食。即於寺中。遇中天竺摩掲陀国大那蘭陀寺三蔵般若怛羅。受学梵字悉曇章。兼授金剛界。大悲胎蔵大日仏印。七倶知。曼素室利印法。梵夾経等。又遇当寺講律大徳僧存式。蒙捨与四分律東塔疏。及嘉祥。慈恩両家法華経疏。華厳。涅槃。倶舎等疏義。近三百巻。更有処士林儒。自捨銭帛。与写本国所欠法文。遠充流行。九月廿日。辞使向北。重蒙優賞。十月中旬。入温州界。過江日鎮。至横陽県。停住郭下。相看県官丞将仕郎許鄮。給両隻船。差二人夫。送至州下。過安固県。到永嘉郡。相看刺史勅賜緋金魚袋将作監斐閲。与安存給生料。道俗相喜甚。以安泊於開元寺。遇臨壇大徳僧宗本闍梨。授四分新疏。倶舎論。楞伽経疏。十二月初一日。得達台州臨海郡。権下開元寺。便逢老宿僧知建。斯乃貞元年末。天台山国清寺律大徳僧清翰入室弟子也。乍見喜歓。宛如骨肉。捨与維摩因明二部疏義。又看刺史工部郎中勅賜緋金魚袋李肇。蒙具行由。申上省使。兼給公験。自率州官。入寺慰問。十三日。遂達唐興県。相見県官。暫憩国清寺廨宅。当時綱維徒衆。総来相迎。晩頭至寺。相看衆僧。而松林鬱茂。十里挟路。琪樹璀璨。五嶺抱寺。雙澗合流。四絶標奇。智者真容。安坐禅牀。普明錫泉。潺灑殿艮。昔聞今見。宛如符契。当時貞元年中。七大徳僧文挙老宿門人僧清観。元璋。安置同房。視如兄弟。又有貞元年中禅林寺伝教大徳僧道邃和尚入室広修和尚聴習弟子僧物外。長講止観。伝大師教。乍見歓喜。慇懃安排。十四日。留学僧円載。従越州来。於国清寺相接喜慰。大中八年二月。上天台山禅林寺。便礼定光禅師菩提之樹。又拝智者大師留身之墳。金地銀地。南北交頭。殖松生竹。東西婆娑。路由其中。至禅林寺。陳宣帝時。号修禅寺。斯則智者伝法之地。又号銀地道場。次於寺巽。有石象道場。此智者大師感得普賢乗象降来摩頂之処。古来相伝。普賢白象化為大石。様図不異真象。所以称石象道場。便於象南石窟。有大師坐禅倚子。西辺盤石。敲之出声。似于呉鼓。世云。智者説法。槌之集衆。象東。両石相対。形似屏風。中間有石篢。模様如大箱。其高八尺許。云上古賢人。集天下要文。納斯篢中。

唯智者開見之。余未有其人。又従禅林寺北。行廿五許里。山趾有亭子。曰捫蘿亭。浙東観察使御史中丞孟簡所建。仍字之曰孟中丞亭子。従此行卅五許里。至天台山最高之峯。号曰華頂。此則智者安居。降伏天魔。感得神僧之地焉。招手之石見在。定光之跡恒新。苦竹黤黮。茶樹成林。林辺亭子。曰倒景亭。甘泉横流。人物棲息。次下華頂。却到山脚。随溪而下。至歩雲亭宿。来日。又傍溪行。至于石橋。橋様如梁。横亘深谷。流水万丈。其声如雷。凡人乍見。殆失精神。曩時。天竺国沙門白道猷。尋来過橋。親見羅漢。正此其地也。事具山記。不能委叙。円珍数日巡礼已畢。還至国清。坐夏。就僧物外辺。請本抄写天台教法。近三百巻。又将太政大臣送供智者大師影砂金卌両。修其墳塔。及以国清仏殿。合国讃揚。不可勝記。其事具於台州公験。九月七日。出台山向越府。於開元寺。相遇天台智者大師第九代伝法弟子沙門良諝。講授宗旨。時決旧疑。兼抄法文。以補未足。大中九年二月。請得越府公験。廿九日。辞衆入漢。便至蘇州。縁疾寄宿衙前同十将徐公直宅。直尽力看病。四月上旬。僧円載落後赴来。従此共行。五月六日。得到東都洛陽之城。従上東門入。一日停住。七日。自徽安之門出。至礠澗宿。次過新安。至缺門。縁雨止住。十日。過三壕。五谷等難処。至陝府宿。廿一日。遂達上都長安城。権住春明門外。六月初三日。拝見唐中天竺大那蘭陀寺三蔵善无畏阿闍梨第五代伝法弟子左街青龍寺伝教和尚前長生殿持念供奉大徳僧法全阿闍梨。蒙許授受瑜伽宗旨。和尚即与大瑜伽法文。不日而抄得。無任喜躍之切。数日入城。権寄左街崇仁坊。逢見本国巡礼僧田口円覚。以為良導。七月一日。移住右街崇化坊龍興寺浄土院新羅国禅僧雲居房。七月十五日。共僧円載。入大悲胎蔵壇。授学大法灌頂。即授受胎蔵大瑜伽畢。十月初三日。入金剛界九会大曼荼羅道場。沐五智灌頂水。授学大瑜伽根本大教王最上乗教。幷両部諸尊瑜伽。及蘇悉地羯羅大法等畢。兼召供奉画工刁慶等。於龍興寺。図絵今上御願大曼荼羅像。青龍伝法和尚。始終検校。僧円覚専勾当。為国竭力。至十一月初三日。円珍詣和尚処。諮請伝教灌頂事。和尚答曰。我早許汝。更無可作。若要入壇。任爾情者。仍四日。排比香花。供養賢聖。当日人定。受三昧耶戒。五更蒙伝授両部大教阿闍梨位灌頂。即得般若母菩薩。大虚空蔵菩薩。転法輪大菩薩。和尚授記曰。汝蒙大毗盧遮那経般若母之加持。遊歩阿字法性之大空。伝一切如来最上乗教者。円珍又捨十千銭。供合寺大衆。復冬至日。至街東大興善寺不空三蔵和尚院。礼拝三蔵和尚骨塔。幷見三蔵第三代伝法弟子三蔵沙門智慧輪阿闍梨。参入道場。礼拝聖衆。諮承両部大曼荼羅教秘旨。兼授新訳持念経法。更至街西千福寺多宝塔。拝見陳国師南岳思大師。陳隋二帝師天台智者大師真影。抄取両大師碑文。後写真容一部落及碑本。次巡荘厳。西明。慈恩。興福。崇福。薦福寺等。廿七日。円珍共僧円覚。拝辞本師。出長安城。従春明之門。指東渭橋行。廿八日。過橋漸行。従櫟陽県。至同州城。次渡蒲関。即到舜城。此河中府矣。黄河両岸。各有鉄牛四頭。以鏁繋脚。縛船為浮橋之基。便出府門。傍中条山。向東而行。路側見古劔匠莫耶之墓。又看解県塩池。従於柳谷。至陜府背後。方過黄河。宿府城内甘棠駅辺。邐迤行過莫耶鋳劔之地。自硤石官路。而登土嶺。入洛州界。十二月十七日。蹈雪没膝。至東都龍門伊水之西広化之寺。礼拝无畏三蔵和尚舎利之塔。沙門道円。授三蔵碑一本。流伝海東。十八日。又蹈大雪至東京。従長夏門入。至水南温柔坊新羅王子宅。専知宅官王原。甚与安堵。乗閑詣于大聖善寺善无畏三蔵旧院。礼拝真容。向後遊歴敬愛安国。天宮。荷沢等諸寺。大中十年正月十三日。与円覚等。廻至龍門西崗。尋三蔵金剛智阿闍梨墳塔。遂獲礼拝。兼抄塔銘。便望伊川東岸。看故太保白居易之墓。十五日。辞洛向呉。至止河陽。自懐州界至黄河。上船。渡河十里。到河陰県。積漸行。過鄭滑堺。方達大梁。雇船入汴水。至淮河之陰。普光王寺。此則大聖僧伽和尚留肉身。行化之地矣。次過淮南。浙西。五月晦。廻到越州開元寺。相看良諝闍梨。蒙捨与天台法華玄義一本十巻。毗陵妙楽寺天台法華疏記一十巻。剡川石鼓寺天台法華私志十四巻。法華諸品要義一巻。都卅五巻法文。従此拝別。向天台山。六月初四日。得達国清寺。円珍尋訪旧事。祖師最澄大法師。貞元年中。留銭帛於禅林寺。造院備後来学法僧侶。而会昌年中。僧人遭難。院舎随去。仍将右大臣給円珍。宛路粮砂金卅両。買材木。於国清寺止観院。起止観堂。備長講之設。又造三間房。塡祖師之願。即請僧清観。為主持人。至十月初。台州刺史朝議郎殿中端公勅賜緋金魚袋裴謨。帖唐興県。追命円珍。甚与安存。猶如父母。帰寺之日。殊給駅馬。円珍辞恩不敢受。端公更帖駅館。次供素飯。差館子家丁各一人。送至国清。大中十一年十月。秩満帰京。十二年正月。刺史朝散大夫勅賜緋金魚袋厳修睦。新下台州。円珍二月初頭。至州相看。篤蒙存問。便修拾求法来由。及経論目録。准貞元例。請押判印。国恩所致。遂于所懐。六月八日。辞州。上商人李延孝船。過海。十七日。申頭。南海望見高山。十八日。丑夜。至止山島。下矴停住。待天明。十九日。平明。傍山行。至本国西界肥前国松浦県管。旻美楽埼。

（Ⅲ　後半生の歩み）

天安二年六月廿二日。廻至大宰府鴻臚館。八月十四日。幸蒙先朝勅。追十二月廿七日。的達帝都。三年正月十六日。伏蒙今天召対。御覧御願胎蔵金剛界両部大曼荼羅像。賜収領訖。竊以。先事之不亡。後来之良軌焉。円珍謹検旧例。祖師十禅師伝燈大法師位最澄。父師十禅師伝燈大法師位義真。延暦年中。奉勅入唐請益。帰朝之日。並蒙給勅印公験。又師兄前入唐天台宗請益十禅師伝燈大法師位円仁。復命之時。請春秋二季。永修灌頂。兼加金剛頂経。蘇悉地経業年分度者。並蒙報符。中興師風。皆為永代不朽之験也。円珍殉命。求獲惣持真文。仏像法具。幷天台本宗教迹。及諸宗法文。稍過千軸。以添先師之遺跡。奉翼皇王之至化。伏乞准例。蒙給牒身公験。兼下知所由。随力流伝。擁護国家。利楽群生。酬先師恩。謹具求法来由。伏聴天裁者。即被太政官牒偁。右大臣宣。奉勅。如聞。真言止観両教之宗。同号醍醐。倶称深秘。必須師資授受。父子相伝。苟無機縁。難遇難悟。法師在於本朝。苦学此道。遊歴漢家。更通要妙。堪可弘宣奥理。以為国家城塹。宜依所陳。下知所司。許其演説。増光慧炬者。今依宣旨。与之公験。故牒。初和尚在唐。造国清寺止観堂。合寺歓喜。題曰天台国清寺日本国大徳僧院。令郷貢進士沈懽述作記。其辞云。唐大中七年九月十日。有日本国大徳僧。法号円珍。俗姓殷氏。自扶桑而来。抵于巨唐福建。旋適五台。復止天台国清。伝西域金人之教。我師幼能抜俗。剃度出家。以慧鏡意珠。内明外朗。作昏夜之燭。為苦海之舟。誓願維持三乗妙理。以彼方尚闕。此土可求。俄払麻衣。飛玉錫而至。遊歴茲寺。数換星霜。陟花頂之峯。礼大師之跡。此地自会昌廃坼之後。大中恩旨重興。仏殿初営。僧房未置。白衣居士。経行而暁泊浮雲。青眼沙門。坐定而夜棲磐石。師乃慎心起念。言発響従。爰得郢人。伐幽林之樫柏。丁丁之響。朝発南山。落落之材。暮盈北塢。妙運斤斧。長短得規。巧引墨縄。曲直成準。功不逾月。其如化城。翬飛而彩曜菴園。勝槩而光揚鷲嶺。以十年九月七日。建成矣。法師即住持此院。苦節修行。以無為心。得無得法。遂挈瓶錫。告別東帰。即十二年六月八日矣。有趙郡李処士芳名達。爰来告。愚与師有旧。東望雲外。空増浩然。仰覩宇之宛。斯其功莫大。乃命余実録其事。唯慙不文。咸通二年五月十日記。和尚入唐。頻遇天竺諸三蔵。習学悉曇。幷梵夾経。諸瑜伽。其言語音詞。一与彼方詞同。無有分別。由是先後所遇三蔵。嘉其易授。兼亦歎異之。和尚貞観初帰朝。故太政大臣美濃公。深相尊重。資稟供養。日夕不絶。和尚乃住本山旧房。以所伝大法。及自宗章疏。教授諸僧。貞観五年。於近江国滋賀郡園城寺。以両部大法。授宗叡阿闍梨。六年秋。奉勅入京。即於仁寿殿。結大悲胎蔵灌頂壇。皇帝入壇。定尊位於宝幢如来。美濃公為首。入壇者卅余人。其後重有勅。令和尚講大毗盧遮那経一部。皇帝聴之忘倦。当時有識。預聞之者廿余人。八年春。美濃公奉勅。令和尚住冷然院。建持念之壇。専祈宝祚。兼護持皇太后。〔後号染殿太皇太后。〕其年七月十七日。有太政官牒。令和尚弘伝真言止観両宗事。下於本寺。其官牒。文多不載。九年。唐温州内道場供奉徳円座主。付婺州人詹景全。向国之便。贈則天皇后縫繍四百副之内。極楽浄土変一鋪。〔長二丈四尺。広一丈五尺。〕織絵霊山浄土変一鋪。〔長一丈五尺。広一丈。〕付法蔵。上自釈迦迦葉。下至唐慧能之影像二幀子。〔各広四丈。〕其由何者。和尚在唐之時。謁彼座主。相綢繆曰。余在叡岳。今到貴国。徳円座主。無隔心腸。不唯其諱之同。亦為其志一。于時座主。以此霊像。付属和尚曰。既有匪石之談。因表寄金之款。毎到瞻仰。勿以遺忘。和尚見分付。欲請来数千斤綵絲像。盤鬱羈旅之中。述懐曰。余渡蒼波為求法宝。如今求得法文。殆可剰船。若有便李。追欲付送。爰座主点頭而唯。然則不失言約。遂以付送。爰和尚待得思量。既是大国霊異之像。豈啻撈龍一蔵之裏。仍命為万人拝見。毎至年年舎利会那辺之日。懸于塔簷。為会先兆。十年六月三日。有勅任座主。于時生年五十五。夏臘卅六。十四年九月。請暇帰山。自爾以後。非朝家之懇請。未嘗出於山扉之外。十五年。依官符。以三部大法。伝僧正法印大和尚位遍照阿闍梨。乃於延暦寺総持院灌頂道場。授三部大灌頂。及伝悉曇幷諸尊別儀等。十七年。言上公家偁。維摩会者。的是競学之場。走趁至多。勝于潮湊。而斯宗聴衆。只限一人。似違均請之勅。望請自今以後。准宮中金光明会。被差二人。然則允先聖之詔旨。愜今天之高願者。十八年九月廿三日。更可令加一人之宣旨。下於寺家。元慶元年。天皇登祚之初。依例講百座仁王般若経。別有勅命。和尚為御前講師。是日。宏弁涌溢。金声玉潤。闔座公卿莫不歎服。五年。唐婺州人李達。依和尚之嘱。付張家商船。送来本朝一切経闕本一百廿余巻。六年。差僧三慧入唐。重令捜写闕経三百四十余巻。先後和尚所写伝経論章疏目録。文多不載。七年。勅叙法眼和尚位。其辞云。勅。天台座主珍公。惟公声高印手。価重連眉。作禅門之棟梁。兼法水之舟檝。朕自従降誕之時。至于成立之日。頼公潜衛。猶得保存。欲酬之心。監寐尤切。因今授法眼和尚位。聊叙朕懃懇之懐。庶増徳望於山楹。発光華於澗戸。仁和元年。皇帝践祚。又依例講仁王経。和尚亦為仁寿殿講主。皇帝悦其雄弁。深加慰謝。二年秋。皇帝不予。危篤甚劇。薫修走幣。遂無得験。太政大臣越前公。令人屈和尚。侍帝病。和尚奉命下山。侍仁寿殿。一宿之中。病即平愈。和適如常。天皇深以感服。勅云。朕深欲酬公恩。公有何希望焉。和尚答云。貧道菩提之外。亦無所求。但叡山地主明神。以弘道之寄。深託於貧道。昔者踰滄溟而求法。亦是山神之志也。伏望加年分度者二人。以報山神之恩。天皇嘉納。即給年分度者二人。〔二人大日業。一人一字業。〕四年。和尚被請興福寺維摩会講師。一往謙遁。具状辞退。于時会大檀越太政大臣越前公報状云。具閲貴状。的承事趣。維摩会者。是仏法之所繋。古今之所重也。会在本朝。名聞唐国。是故代代相丞。屈得智徳高才。為其法匠。従来尚矣。而叔世澆薄。競争交馳。雖勤加捜揚。而猶非如意。深恐。法燈滅光。乏照昏之明。義海涸潤。少鼓浪之勢。豈啻為一氏。求栄耀哉。広為四海。蒙福祐耳。坐臥労思。願得其人。和尚智鏡早瑩。慧珠高照。人天所欲。不議固辞。再三覆念。手奉請署。而和上託弁権疾。以事謙譲。素情相違。鄙懐無安。但和上智徳共高。年位復尊。更忝講匠。還似損威。伝聞。世尊利物。不嫌貴賤。苟為興法。何論前後哉。況復浄名現疾。文殊致問。苟有帰依。必蒙冥助。此会之興。大意在此。和上若有意興法会。必得影像之来問。除却権現之小悩。望也。早挑法炬。速叶請疏。縦有百命。曾無一従者。和尚鍾于報状鄭重。倩以念言。余一紀蟄山。披閲法文。兼復入唐求道之時。数般遇英俊扣疑関。今預講肆。盍忘身名。爰山上当時耆宿。叡操。猷憲。康済。元誉。道海大法師等驚覚。和尚登高之事。孔為一宗面目。但天台座主及以僧綱。既是宣命之職。和尚不唯座主之職。兼登僧都之位。今更那履講匠之地。諸徳所陳。依有道理。重以辞退。寛平二年冬。寺僧大小相率上表曰。延暦寺僧叡操等謹言。聖師希遇。誰攀薝匐之芳。真理難聞。焉嘗醍醐之味。禅徒之志。懇切在茲。座主法眼和尚円珍。得道樹之英。写仏瓶之水。精進覚路。脂不退之輪。率励法軍。撾無畏之鼓。況復航畳浪而問道。反孤岫而伝業。持如来之心印。授菩薩之髻珠。領灌頂壇。二十有年。化木叉衆。千万余人。既而寒嶠年深。艸菴老至。六時修行。一念回向。莫不致冥護於金輪。献潜衛於絳闕。伏惟陛下。政鑒法鏡。化照世燈。転天日而助堯曦。流甘露而添聖沢。遂令優命溢於澗戸。寵光映於松扉。為国為道。帝念深矣。然而法眼之名。稍似散職。座主之号。唯施一山。若不総法務之要領。握道統之紀綱。則増慢之徒。何以降伏。叡操等。唱山神凝誠。聚絹心而同慮。推挙闍梨。望為僧綱。伏願。卑聴巻纊。慧眼褰旒。天光曲降。照大衆之中襟。雲渙忽施。灌満山之渇企。不任精誠之至。拝表以聞。時太政大臣越前公。且加推薦。即為少僧都。和尚語諸僧云。今日推奨。極非素懐。但上懼違　聖主之恩施。下憚乖大衆之篤志。故旬月之間。暫叨此号。須大衆早奉賀表。然後貧道抗辞退之詞而已。三年夏。寺家大衆数百余人。詣闕奉賀表云。延暦寺沙門叡操等謹言。去年十二月廿六日恩勅。授座主法眼和尚位円珍。以少僧都之職。僧徒歓呼。駿奔相告。山神為之驚喜。廟塔由是震動。円公生而為摩尼宝。発而為優曇華。智瑩円鏡。随像分暉。器蘊鴻鐘。待叩成響。雖復形外之神。独遊金縄之境。然而心中之眼。常観玉階之塵。伏惟皇帝陛下。徳洽四埵。化同千葉。非唯蒼生沐其皇沢。亦令緇徒潤其天波。既而護彼正法。崇此台宗。擢一山之闍梨。為四衆之都領。発恩綸於綺閣。耀寵栄於巖扃。喜気紛郁。新添台嶺之霞。徳馨薫蒸。潜満霊山之窟。叡操等。宿植福業。生属明時。見未曾有之善。戴不可量之恩。円珠増光。弥照一乗之轍。法薬倍味。永愈羣生之痾。欣感交幷。百於恒品。不任抃舞之至。拝表以聞。其秋。和尚将抗表辞職。而坐禅少暇。法務多端。経秋入冬。未遂宿慮。臨終之日。遺恨更深。初今年春二月。和尚俄語門弟子曰。我今年将終。汝曹宜記之。其葬送之法。須以木造棚。安棺其上。積薪於棚下。漸以火燃之。不得焼之於地上。何者。我身誠雖濁穢。常観諸尊。蔵於心殿。薫染猶在。何可自軽。又云。我所伝三部大法。宜求其人而伝之。其年五月。即経奏聞。蒙官牒。伝授三部大法於猷憲。康済両大法師。以為三部阿闍梨。為不断仏種也。時門人夢。大山崩倒。或夢。当寺丈六仏。起座他去。冬十月廿七日。又和尚忽自唱門人云。十方聖衆。雲集我房。汝等早応掃灑房舎。排批香華。如此口唱。又手左右。相揖再三也。先是和尚令写唐本涅槃経疏十五巻。将流通於寺家。書写之後。手親讎校。正其謬誤。廿九日。臨終之朝。猶亦執持此疏。乃語門人云。如来以慧為命。比丘以法為身。汝等宜憶之。其日食時。斎供如常。日没之後。手結定印。合眼安坐。念仏懇至。倍於尋常。至五更時。更起索袈裟。手捧頂戴。取水漱口。右臥入滅。終無病痛。其夜。満山大小。聞天楽満虚空。乃葬叡山南峯之東埵。送終之制。皆如遺旨。時和尚春秋七十八。夏臈五十九。居座主職廿四年焉。

（Ⅳ　逸話と諡号）

初和尚在唐温州。与内道場供奉徳円相善。和尚帰朝之後。貞観九年。送書通慇懃。乃贈繍文極楽浄土一副。〔長二丈四尺。広一丈五尺。〕及織絵霊山浄土一鋪。〔長一丈五尺。広一丈。〕及紺瑠璃壺容仏舎利。又婺州人詹景全。帰依和尚。深契檀越。和尚帰朝之後。景全図画付法大師。上自釈迦迦葉。下至唐慧能之影像二幀子。〔各広四丈。〕同亦送来之。又天台宗法文。幷諸経論。於未伝本朝者。和尚入唐。求写齎来者。其数甚多。其後元慶五年。唐婺州人李達。依和尚之嘱。付張家商船。送来本朝一切経闕本一百廿余巻。元慶六年。和尚又差小師三慧入唐。重令捜写闕経三百四十余巻。先後和尚所写伝経論章疏目録。文多不載。先是。故太政大臣越前公。有本願書写一切経。常恨諸経多闕。至是大悦。即皆写補之。和尚形神超倫。骨気有余。何者。和尚遊天台国清寺之日。与耆徳清観。元璋。深有情好。元璋常誡和尚云。入里止宿。殊可用心。和尚頂有霊骸。此凶邪之人。常所窺求。和尚問云。取之何用。答云。無頼之輩。将求福智。見人有霊骸者。密謀殺戮。持其頭髏。以為蔵往知来之用。求福致利之資。台州刺史端公。見和尚如旧交。亦以此霊骸。深為固身之誡。和尚答云。若有宿業。防護何益。若無宿業。凶人其奈我何。又越州良諝和尚者。天台宗之智徳也。才学幽微。無所不究。和尚遇之請益。良諝深以器重。知遇篤密。披心指示。如瀉瓶水。初和尚発自江南。至于西京。所歴諸州耆宿名僧。及詞客才子。欽愛褒美。談不容口。先後所呈之詩。稍及一十巻。文多不載。和尚帰朝之後。清観。元璋。及諸嘗傾蓋相逢者。追慕弥深。毎有便李。音問無絶。貞観中。清観贈和尚詩云。叡山新月冷。台嶠古風清。当時詩伯菅相公。視此一句。太為絶倒。初元慶中。和尚住本山。忽流涙悲哽云。大唐天台山国清寺元璋大徳。昨夕入滅。無幾。其後一年。又哭泣甚悲云。我大唐請益之師良諝大和尚。奄忽遷化。貧道須修追福。致門弟子之志。乃捨調布五十端於延暦寺講堂修諷誦。当時聞之者。未有信。然其後元慶七年。栢志貞到著大宰府。天台国清寺諸僧。幷越州良諝和尚遺弟子等書信。並付志貞送和尚。具録元璋幷良諝和尚遷化之日。与和尚先語。曾無睽違。亦嘗語諸僧云。嗟乎。留学和尚円載。帰朝之間。漂没於滄海之中。悲哉。不帰骸於父母之国。空終身於鮫魚之郷。命也如何。再三感咽。涕泗漣如。其後入唐沙門智聡帰朝語云。智聡初随留学和尚円載。乗商人李延孝船過海。俄遭悪風。

舳艫破散。円載和尚。及李延孝等。一時溺死。時破舟之間。有一小板。智聡儻得乗著之。須臾東風迅烈。浮査西飛。一夜之中。漂著大唐温州之岸。其後亦乗他船。来帰本朝。於是計円載和尚没溺之日。正是和尚悲泣之時也。天下莫不歎異。貞観末。総持院十禅師済詮。将入唐求法。幷供養五台山文殊師利菩薩。主上及諸公卿。多捨黄金。以為供養文殊之資。済詮辞山之日。拝別和尚。便問大唐風俗。兼将習漢語。和尚黙然。一無所対。済詮深有恨色。起座之後。和尚語門人云。此師雖有才弁。未暁空観。入唐謀似衒名高。若心殿不掃。何得三尊之加持。若加持不至。何踰万里之険浪。其後済詮果不著唐岸。又不知所至。和尚先識機鑒。皆此類也。弟子或問曰。和尚洞視万里之外。如在戸庭之中。察知将来之事。如置目睫之間。豈神通力之所致乎。将宿命智之所成乎。和尚大笑。答云。我自少年。帰依金剛薩埵。以為本尊。故現在未来。善悪業報。或夢中示之。或念定之間。現形告語而已。識者服其実語。不矯飾也。和尚自従入山之時。至于臨終之日。渉獵経典。誦憶義理。或昧旦隠几。俄忘斎飡。或終夜対燈。遂無仮寐。年及八十。耳目聡明。精神明悟。歯牙無蠹。気力不衰。食啖之間。曾不別麁渋与甘美也。論者皆以為得六根清浄之験也。和尚総披覧一切大小乗経論章疏三遍。講演自宗大乗経幷章疏。不可勝計。受大法登阿闍梨位。幷受一尊儀軌者。一百余人。手剃鬚髪授戒。為弟子僧者。五百余人。登壇受戒成菩薩僧者。三千余人焉。初伝教大師斬木刈草。建延暦寺。遂入大唐。伝天台真言両宗。其後相承。闡揚両宗。光大門戸者。慈覚大師与和尚而已。和尚晩年。特愛遇尚書左少丞藤佐世。起居郎善清行。綢繆恩好。如有宿世之契焉。故可著述和尚之遺美者。此両人当仁也。而寛平三年春。藤大夫謫奥州刺史。清行且左遷備州長史。居任之間。和尚滅度。九年秋。奥州蒙恩。徴為左尚書。促駕帰洛。殞於中途。清行其年。秩解入京。亦転翰林学士。今年。和尚之遺弟子。相共録和尚平生行事。令余撰定其伝。此亦和尚之遺志也。余対此聖跡。宛如再逢。握筆流涙。一字一滴。願我頼今日之実録。結他生之冥期。

延喜二年冬十月廿日

翰林学士善清行記之

以前家伝綱所牒。清書一本。奉国史所已訖。仍記。

延喜二年壬戌十一月十九日

伝燈満位僧台然／伝燈法師位鴻与

伝燈法師位

総持院十四禅師伝燈法師位慶蓮／浄福寺四禅師伝燈大法師位京意

総持院十四禅師伝燈大法師位惟瞻／定心院十四禅師伝燈大法師位良勇

総持院十四禅師伝燈大法師位悟忍／阿闍梨十禅師伝燈大法師位増命

阿闍梨定心院十四禅師伝燈大法師位増欽／阿闍梨十禅師伝燈大法師位慈鏡

件家伝記録濫觴者。延喜二年秋。従綱所可進和尚家伝之牒。到来寺家。寺家記録。可進国史所之由。牒山王院。爰和尚入室良勇十禅師。委憶和尚平生始終之事。同入室鴻与大法師。引勘和尚手中遺文。兼復同入室諸大法師。衆口討論。乃令最後入室台然筆授略記。其後付善学士。令撰定之。学士一以憶在和尚之微旨。一以叶於門人之中誠。奉公之隙。撰述已畢。
和尚寛平三年辛亥遷化。従厥以降。至于延長五年。都慮三十七箇年。此五年十二月廿七日。聖主勅賜贈位謚号。爾後公私。挙称智証大師。其文如左。
天台座主少僧都法眼和尚位円珍。
　右可贈法印大和尚位号智証大師。
勅。慈雲秀嶺。仰則弥高。法水清流。酌之寧尽。故天台座主少僧都円珍。戒珠無塵。慧炬有照。渡大瀛而求法。騁異域而尋師。済物為宗。泛舟檝於苦海。利他在意。加斧斤於稠林。是以蒙霧斂其翳昧。朗月増其光明。遺烈永伝。余芳遠播。追憶志節。足以褒崇。宜贈法印大和尚位。謚号智証大師。可依前件。主者施行。
　延長五年十二月廿七日
　　三品行中務卿敦実親王〈宣〉
　　従四位上行中務大輔源朝臣国淵〈奉〉／従五位下行中務少輔源朝臣興平〈行〉
奉勅如右。牒到奉行。
　延長五年十二月廿七日
　　参議従四位下守治部卿兼讃岐守当幹／治部大輔〈闕〉

参議正四位下行左大弁兼讃岐権守悦
告法印大和尚位智証大師。
奉勅如右。符到奉行。
治部少輔従五位下公彦／大録〈闕〉／少録茂倫／少録直幹
延長五年十二月廿七日下

門人賀書

延暦寺沙門智祐等。伏奉昨日勅命。先師贈法印和尚之崇班。賜智証大師之追謚。感生空谷。歓動満山。故大師。遥渉滄溟。深求白法。不遺写瓶之水。能挑伝燈之光。至其帰身日域。弘道天梯。実智之門高開。秘密之雲遍覆。而茶毗遠過。不改名号於仁山。蘭徳長存。幾觸忌諱於法苑。是則門弟子等。常所慷慨也。爰飛龍之使。開影堂而徘徊。彩鳳之書。加光寵而追贈。凡在緇侶。誰不悲喜。遺法弟子。不耐戴恩之至。謹詣闕抗表。陳謝以聞。沙門智祐等。誠惶誠恐。謹言。

延長五年十二月廿九日　　弟子連署大法師等

以前勅賀両道之書。同記家伝之末如件。
勅書　民部大輔藤原博文作。
賀書　大学頭大江維時作。

延長六年二月十六日記畢。

天台宗円珍伝〈終〉

承久二年四月廿五日。於南山艸菴。以多本移点対勘訖。

於裏書者。為備廃忘。私所抄著也。後賢不可写之。

静尊記

永享九年丁巳卯月八日

嵯峨五大堂普観坊宝祐

（続群書類従・伝部／佐伯有清氏『智証大師伝の研究』所収『天台宗延暦寺座主円珍伝』）

【訓読】

天台宗延暦寺座主円珍伝

翰林学士の善清行撰

（一）　生い立ち

1天台宗延暦寺第五座主入唐伝法阿闍梨少僧都法眼和尚位円珍（八一四～八九一）は、俗姓和気公（旧氏姓は因支首）、讃岐国那珂郡金倉郷（現在は香川県善通寺市金蔵寺町）の人なり。父は宅成、頗る資産を殖す。兼ねて行能あり、郷里の帰服する所と為れり。母佐伯氏、故僧正空海阿闍梨の姪なり。嘗て夢に大舸に乗りて巨海に浮かぶ。仰いで朝日の初出を見るに、光耀赫奕たり。まさに手を以て之を捉へんとす。爰に日更に飛箭の如し。来りて口中に入る。覚後夢を以てその夫に語る。夫答へて曰く、「此れ吉徴なり。まさに賢子を生まん」と。幾も無くして懐妊し、遂に和尚を誕む。

2和尚、岐嶷にして機警なり。幼して老成の量あり。両目に重童子（二重瞳）あり。又頂骨隆起して、形は覆杯の如し。遠くして之を視れば、尖頭あるに似たり。実に是れ霊骸特峙なり。

3年始めて八歳（弘仁十二年・八二一）、其の父に語りて云はく、「内典の中、因果経あるべし。羨みて我に誦習せしめよ」と。其の父、驚き異しみ、即ち求めて之を与ふ。和尚これを得て大いに悦ぶ。朝夕誦読し、未だ嘗て休廃せず。郷閭これを視る者、歎異せざるなし。年十歳にして毛詩・論語・漢書・文選を読み、一たび閲習する所、即ち以て誦挙せり。十四にして家を辞し、京へ入れり。

4十五（天長五年・八二六）にして叔父の僧仁徳（旧姓氏名は因支首道麻呂）に随ひ、初めて叡山に登る。仁徳語りて云はく、「児の器宇宏邃にして、誠に凡流に非ず。吾是の短綆の量、其の浅深を測り難し。須らく業を碩学に請ひ彼の大成を期すべし」と。即ち前入唐尋教沙門第一座主義真（七八一〜八三三）和尚に託す。和尚、其の才量を嘉び、意を尽くして善誘せり。之に法華・金光明・大毗盧遮那等の大乗経、及び自宗の章疏を授く。

5年十九（天長九年・八三二）に至り、年分の試を奉ず。時に試業師及び証師等、其の秀抜を見て、深く精覈を加ふ。異問鋒起し、遞ひに相攻伐す。和尚、雷を揺すこと弥〻激しく、河を懸け更に注ぐ。事は問表に出で、疑ひは詞端に銷す。耆徳後輩、之が為に歎服す。是に於て勅使、深く嘉異を加へ、之を甲第に処す。其の年、戒を受け僧と為る。例に依りて山に蟄る。時に天長十年（八三三）四月十五日なり。其の後、一紀（十二年）を経歴し、艱険に堪忍す。或は旬に度りて飢頓し、或は冬に入りて単寒し、全く戒律を護る。精練修学、名誉稍聞へ、遂に天下に塡む。深草（仁明）天皇、屢〻綸旨を降し、殊に慰問を加へ、兼ねて資粮を給したまふ。寵遇隆渥、多く時輩を超ゆ。

6初め承和五年（八三八）冬月、和尚（二十五歳）昼は禅を石龕の間に坐すなり。忽ち金人あり、形に現れて云はく、「汝まさに我が形を図画し、慇懃帰仰すべし」と。和尚問ひて云はく、「此れ化来の人、方に以て誰と為すべき」と。金人答へて云はく、「我れ是れ金色不動明王なり。我、法器を愛念す。故に常に汝の身を擁護す。汝須らく早く三密の微奥を究め、衆生の舟航を為すべし」と。爰に熟々其の形を見るに、魁偉奇妙、威光熾盛、手に刀劍を捉へ、足に虚空を蹈む。是に於て和尚頂礼し、意これに存す。即ち画工をして其の像を図写せしむ。像、今猶ほこれあり。

7僧年（得度後）十有余、寺中の衆僧、大小帰伏して、業を受くる者居多。当時の名儒有識、好を通じ契を結ぶ者、稍京洛に傾く。尤も図書頭惟良貞道宿祢と忘言の契あり。対語に至る毎に、終日竟夜、清言倦む無し。相惧に内外の疑義を論難し、経籍の謬誤を質正す。誓ひて云はく、「緇素異ると雖も、契りて兄弟と為す。生々世々の中、交執の志を欠くる無し」と。和尚（臘）一十二年。経論を究閲す。其の中の疑滞、人をして蒙を撃つなし。率然として心を馳せ、西唐に遊ぶことを思ふ。

8承和十一年（八四四）、紀満ちて山を出づ（三十一歳）。十三年（八四六）七月二十七日、寺衙の牒に云はく、満山大衆の議に云はく、「円珍大徳、年歯いまだ深からずと雖も、顕密を習学し、他宗を博覧す。才操倫を超え、智略尤も深し。すべからく自宗の学頭に擬任せんとす。これをして長幼を陶練し、上下進退せしめよてへり。寺衙牒に随ひ、永く後験を為す」と云々。同（承和十三）年冬十月、和尚は、上、聖主を翊し、下、率土を鎮めるため、松尾明神社に於て、発願を誓ひて云はく、「願はくは、我毎年五月八日と十月八日、比叡明神社頭に於て、法華・仏名等の大乗経を講演し、以て一生の事と為さん」と。即ち彼の社に於て修講の事を始む。

9嘉祥元年（八四八）春、和尚（三十五歳）夢みる。日光まさに西山に隠れんとす。一異人あり。縄を以て日を繫ぎ、以て和尚に授く。和尚、縄を取り、徐ろに之を引く。日乃ち再び中して、正しく停午に成せり。光彩煥炳たり。普く天下を照らす。覚後遍く諸僧に問ふ。或は云はく、「和尚の念願に感あり。主上延祚の徴なり」と。或は云はく、「和尚の慧光昭耀、仏日更明の象なり」と。僧年十五（承和十四年・八四七）、主上（仁明天皇）擢て定心院十禅師と為したまふ。此の歳（同年）正月、大極殿の吉祥斎会の聴衆と為る。弁論泉涌、微を究め妙に入る。道俗これを聞く者、歎服せざるなし。更に御前に於て法相宗の智徳と大義を論決す。問難激揚、弁捷電の如し。故に其の答対を為す者、詞窮理尽、自ら木舌の如し。名誉俄かに播まり、朝野に喧聒す。

10嘉祥三年（八五〇）春、夢に山王明神告げて云はく、「公早く入唐求法の志を遂ぐへし。留連を致すなかれ」と。和尚（三十七歳）答へて云はく、「近来請益闍梨和尚仁公（円仁）、三密を究学し、本山に帰著す。今何ぞ航海の意を汲汲とするに遑あらん」と。神重ねて勧めて云はく、「公の語の如くんば、世人多く髪を剃り僧と為らん。公何ぞ以て昔者髪を剃るの志を汲汲とせんや」と。明年（嘉祥四年＝仁寿元年・八五一）春、明神重ねて語りて云はく、「沙門、宜しく求法の為に其の身命を忘るべし。況んや今公の利渉の謀、万全の冥助あり。努力努力《ゆめゆめ》。疑慮を生ずるなかれ」と。和尚夢中に許諾す。乃ち意旨を録して表を抗し、以て聞す。主上（文徳天皇）深く懇誠に感じたまひ、便ち許可を蒙る。

11僧年十八（嘉祥三年・八五〇、三十七歳）、別勅あり。内供十禅師に補す。其の太政官牒に云はく、「玄蕃寮の解を得るに偁はく、僧正泰景等の解状に偁はく、前件の大法師、精しく戒律に通じ、真言を持念す。苦節年深く、勤行懈るなし。伏して請ふに、勅に準じて内供奉持念禅師に挙げ充てたまへてへり。謹んで去る宝亀三年（七七二）三月六日の勅を検するに、京畿七道諸国、苦行精勤、少欲知足を簡択して、内供奉と為す。正税稲を割き、以て資粮を給ひ、乏しき所あることなしてへり。僧円珍、件の選に充つべしと云々。此の牒は非例（格別）なり。和尚の徳行を表すため、特に褒美の辞を出す。

（二）　入唐求法

12仁寿元年（八五一）の四月十五日。和尚（三十八歳）京を辞して太宰府に向かひ、入唐の志を遂ぐるなり。同（仁寿）三年七月、纜を解きて進発す。天安二年（八五八）本朝に帰る。乃ち奏状を奉り、在唐の行ふ事を叙し、兼ねて意趣の本末を陳ぶ。其の辞に云はく、円珍、伏して以ふに、承和聖上（仁明天皇）登極の載〔天長十年（八三三）なり〕、年分の試を奉じ、大毗盧遮那経を読む。及第して度を蒙る。式に依り一紀（十二年）山に棲み、遮那止観の宗を習学す。而して毎々天台山図を披き、恒に華頂石橋の形勝を瞻るも、未だ良縁に遇はず。久しく以て思ひを存す。爰に田邑聖主（文徳天皇）国を享けたまふ。伏して特に恩許を賜はり界を出ず。嘉祥四年（八五一）四月十五日、京輦を辞して太宰府に向かふ。五月二十四日、前処に達するを得。便船無きを以て、暫く城山の四王院に寄住す。更に天恩を蒙り、月粮を賜り給さる。（大宰）少監正六位上藤原朝臣有蔭、筑前介正六位上紀朝臣愛宕麻呂、其の事を勾当す。仁寿二年（八五二）閏八月に至り、唐国の商人（実は新羅人）欽良暉の交関船来るに値ふ。（仁寿）三年七月十六日、船に上り、値嘉島《ちか》（五島列島）に到り、鳴浦《なる》（奈留浦）に停泊す。八月初九日、船を放ちて海に入る。十三日の申時、高山を望見す。北風の敏に縁り、十四日の辰頭、彼の山脚に漂到す。いはゆる流球国（ここでは台湾か）喫人の地、四方に風無く、趣く所を知るなし。巽風に遇ひ、乾維を指して行く。申刻、小山を見、子夜、脚下に至り止まる。

13 十五日の午時、遂に著岸するを獲たり。而るに未だ何国の界を知らず。便ち所在を問ひ、此れ大唐国の嶺（江）南道福州連江県の堺と知る。時に国（唐）大中七年と号す。合（全）船喜躍、死より蘇るを得るが如し。十六日、（福）州に上る。便ち海口鎮に宿す。鎮将朱浦、殷懃に安存、状を具して州に申す。十七日、州下郭門外に達して巡り、竝びに主使に報ず。当時の観察使金紫光禄大夫御史中丞福建都団練処置等兼福州刺史韋署、使軍将林師準を差して存問す。十九日、州に上り、左廂都虞兼押衙林師靉と相看ゆ。纔かに見て喜歓し、なほ旧識の如し。二十一日、観察使（韋署）に相看ゆ。非甚顧問、開元寺（もと霊山寺）に安堵して、生料を優給し、兼ねて綱維に仰せ、熟食を供給す。即ち寺中に於て、中天竺摩掲陀国大那蘭陀寺三蔵般若怛羅に遇ひ、梵字の悉曇章を受学し、兼ねて金剛界・大悲胎蔵大日仏印・七倶知・曼素室利印法・梵夾経等を授く。又、当寺講律大徳僧存式に遇ひ、四分律東塔疏、及び嘉祥・慈恩両家法華経疏・華厳・涅槃・倶舎等の疏義、三百巻に近きを捨与するを蒙る。更に処士林儒あり。自ら銭帛を捨て、与に本国の欠くる所の法文を写し、遠く流行に充つ。九月二十日、使（韋署）を辞して北に向かひ、重ねて優賞を蒙る。

14十月中旬、（江南東道）温州に入り、（浙江省平陽県）江日鎮を過ぎ、横陽県に至り、郭下に停住す。県官丞将仕郎許邴に相看て、両隻船を給り、二人夫を差し、送りて州下に至る。安固県（瑞安県）を過ぎ、永嘉郡に到り、刺史勅賜緋金魚袋将作監斐閲に相看ゆ。安存を与へ、生料を給す。道俗相喜ぶこと甚し。以て開元寺に安泊す。臨壇大徳僧宗本闍梨に遇ひ、四分新疏・倶舎論・楞伽経疏を授く。

15十二月初の一日、台州臨海郡に達するを得て、権に開元寺に下り、便ち老宿僧知建に逢ふ。斯れ乃ち貞元年の末（二十年・八〇四の十二月）、天台山国清寺律大徳僧清翰入室の弟子なり。乍見喜歓、宛も骨肉の如し。維摩・因明二部の疏義を捨与す。又、刺史工部郎中勅賜緋金魚袋李肇に看ゆ。行由を具して省使に申上し、兼ねて公験を給ふことを蒙る。自ら州官を率ゐ、寺に入りて慰問す。十三日、遂に唐興県（浙江省天台県）に達し、県官に相見ゆ。暫く国清寺の廨宅に愒す。当時の綱維徒衆、総て来り相迎ふ。晩頭に寺へ至り、衆僧に相看ゆ。而して松林鬱茂、十里の路挟し。琪樹璀璨、五嶺寺を抱く。雙澗の流れを合せ、四絶奇を標す。智者（智顗）の真容、禅牀に安坐し、普明錫泉、殿の艮（東南）に潺灑す。昔聞き今見ゆるに、宛も符契の如し。当時貞元年中（七八五～八〇四）、七大徳僧文挙老宿門人の僧清観・元璋、同房に安置す。視るに兄弟の如し。又、貞元年中、禅林寺伝教大徳僧道邃和尚の入室広修和尚聴習の弟子僧物外あり。止観を長講し、大師の教へを伝ふ。乍見歓喜、慇懃安排たり。

16十四日、留学僧円載、越州（紹興市）より来り、国清寺に於て相接し喜慰せり。大中八年（八五四）二月、天台山禅林寺に上る。便ち定光禅師菩提の樹に礼す。又、智者大師留身の墳を拝す。金地銀地、南北に頭を交へ、松を殖ゑ竹を生ず。東西の婆娑、路に其の中に由り、禅林寺に至る。陳の宣帝の時（五六九～五八二）、修禅寺と号す。斯れ則ち智者伝法の地、又銀地道場と号す。次に寺の巽に石象道場あり。此は智者大師、普賢象に乗りて降来し摩頂を感得するの処、古来相伝ふ。普賢の白象、化して大石と為る。様図は真象に異ならず。所以に石象道場と称す。便ち象の南の石窟に（智者）大師坐禅の倚子あり。西辺の盤石、之を敲すと声を出す。呉の鼓に似たり。世に云ふ、智者の法を説くに、之を槌ちて衆を集む。象の東、両石相対す。形は屏風に似たり。中間に石篢あり。模様大箱の如し。其の高さ八尺許り、上古の賢人、天下の要文を集めて、斯の篢中に納め、唯智者のみ之を開き見て、余に未だ其の人あらずと云ふ。又（二月十八日）、禅林寺の北より行くこと二十五里、山趾に亭子あり、捫蘿亭と曰ふ。浙東観察使御史中丞孟簡の建つる所、仍ち之に字して孟中丞の亭子と曰ふ。此より行くこと三十五許里、天台山最高の峯に至る。号して華頂と曰ふ。此れ則ち智者の安居、天魔を降伏して、神僧を感得するの地なり。招手の石、見に在り、定光の跡、恒に新しく、苦竹黤黮、茶樹は林を成す。林辺の亭子、倒景亭と曰ふ。甘泉横流し、人物棲息す。次に華頂を下り、却つて山脚に到る。渓に随ひて下り、歩雲亭に至りて宿る。来日（二月十九日）、又渓に傍て行き、石橋に至る。橋の様、梁の如し。横は深谷に亘り、流水万丈、其の声、雷の如し。凡人見乍ら、殆ど精神を失ふ。曩時、天竺国沙門白道猷、尋ね来りて橋を過ぎ、親しく羅漢に見ゆ。正しく此の地なり。事、山記に具はり、委しく叙する能はず。

17円珍、数日巡礼、已に畢り、還りて国清に至りて坐夏（夏安居）す。僧物外の辺に就き、本を請ひて天台の教法を抄写すること、三百巻に近し。又、まさに太政大臣（藤原良房）、智者大師の影（像）を送るに、砂金四十両を将す。其の墳塔、及び以て国清仏殿を修す。合国の讃揚、勝《あ》げて記すべからず。其の事、台州の公験に具なり。九月七日、台山を出て越府に向かふ。（二十日）開元寺に於て、天台智者大師第九代伝法弟子沙門良諝に相遇ひ、宗旨を講授せらる。時に旧疑を決し、兼ねて法文を抄し、以て未足を補ふ。

18大中九年（八五五）二月、越府の公験を請ひ得たり。二十九日、衆を辞して漢（漢中）に入る。便ち蘇州に至り、疾に縁りて衙前同十将徐公直の宅に寄宿す。直、力を尽くして看病す。四月上旬、僧円載、落後に赴き来り、此より共に行く。

19五月六日、東都洛陽の城に到るを得て、上東門より入り、一日停住す。七日、徽安の門より出て、磁澗に至り宿す。次に新安を過ぎ、缺門に至り、雨に縁りて止住す。十日、三壕・五谷等の難処を過ぎ、陝府に至り宿す。二十一日、遂に上都の長安城に達し、権に春明門外に住す。

20六月初三日、唐中天竺大那蘭陀寺三蔵善无畏阿闍梨の第五代伝法弟子左街青龍寺伝教和尚・前長生殿持念供奉大徳僧法全阿闍梨に拝見し、許を蒙りて瑜伽宗旨を授受す。和尚即ち大瑜伽法文を与ふ。日ならずして抄し得たり。喜躍の切に任ること無し。数日して（六月八日）城に入り、権に左街崇仁坊に寄り、本国巡礼僧田口円覚に逢見し、以て良導と為す。

21七月一日、右街崇化坊龍興寺浄土院新羅国禅僧雲居の房に移住す。七月十五日、僧円載と共に、大悲胎蔵壇に入りて、大法灌頂を授学す。即ち胎蔵大瑜伽を授受し畢んぬ。

22十月初三日、金剛界九会大曼荼羅道場に入りて、五智灌頂水を沐し、大瑜伽根本大教王最上乗教、幷びに両部諸尊瑜伽、及び蘇悉地羯羅大法等を授学し畢んぬ。兼ねて供奉画工刁慶《ちょうけい》等を召し、龍興寺に於て、今上（清和天皇）御願大曼荼羅像を図絵す。青龍伝法和尚（法全）、始終検校す。僧円覚、専ら勾当し、国の為に力を竭す。

23十一月初三日に至り、円珍、和尚（法全）の処へ詣り、伝教灌頂の事を諮り請ふ。和尚答へて曰はく、「我早く汝を許す。更に作るべきこと無し。もし入壇を要すれば、爾の情に任す」てへり。仍ち四日、比香花を排して、賢聖を供養す。当日人定（夜十時ころ）、三昧耶戒を受く。五更（朝四時ころ）、両部大教阿闍梨位の灌頂を伝授することを蒙る。即ち般若母菩薩・大虚空蔵菩薩・転法輪大菩薩を得たり。

和尚（法全）記を授けて曰はく、「汝、大毗盧遮那経般若母の加持を蒙り、阿字法性の大空を遊歩し、一切如来最上乗教を伝ふ」てへり。円珍又十千銭（十貫文）を捨てて、合寺の大衆に供す。

24復冬至の日（十一月六日）、街東大興善寺不空三蔵和尚の院に至り、三蔵和尚の骨塔を礼拝し、幷びに三蔵第三代伝法弟子三蔵沙門智慧輪阿闍梨を見て道場に参入し、聖衆を礼拝して、両部大曼荼羅教の秘旨を諮り承り、兼ねて新訳持念経法を授く。更に街西千福寺の多宝塔に至り、陳国師南岳思大師、陳隋二帝師天台智者大師の真影を拝見し、両大師の碑文を抄取す。後に真容一部落及碑本を写す。次に荘厳・西明・慈恩・興福・崇福・薦福寺等を巡る。二十七日、円珍、僧円覚と共に、本師（法全）に拝辞す。長安城を出て、春明の門より東渭橋を指して行く。

25二十八日、橋を過ぎ漸く行き、櫟陽県より同州城に至る。次に蒲関を渡り、即ち舜城に到る。此れ河中府なり。黄河の両岸、各々鉄牛四頭あり。鏁を以て脚を繋ぐ。船に縛りて浮橋の基と為す。便ち府門を出て、中条山に傍し、東に向ひて行く。路側に古き劒匠莫耶の墓を見る。又、解県の塩池を看て、柳谷より陘府の背後に至る。まさに黄河を過ぎ、府城内甘棠駅の辺に宿す。邐迤行き、莫耶の劒を鋳るの地を過ぎ、硤石官路より土嶺に登り、洛州の界に入る。

26十二月十七日、雪を踏みて膝を没し、東都龍門伊水の西広化の寺に至り、無畏三蔵和尚（善無畏）舎利の塔を礼拝す。沙門道円、三蔵の碑一本を授かり、海東（日本）に流伝す。十八日、又大雪を踏みて東京（洛陽の都城）に至る。長夏門より入りて、（洛）水南温柔坊新羅王子の宅に至る。専知宅官王原、甚だ安堵を与ふ。閑に乗じて大聖善寺善無畏三蔵旧院に詣り（善無畏）真容を礼拝す。向後、敬愛・安国・天宮・荷沢等の諸寺を遊歴す。

27大中十年（八五六）正月十三日、円覚等と龍門の西崗を廻り、三蔵金剛智阿闍梨の墳塔を尋ね、遂に礼拝するを獲、兼ねて塔銘を抄す。便ち伊川の東岸を望み、故太保白居易の墓を看る。十五日、洛を辞して呉に向かふ。至りて河陽に止まる。懐州の界より黄河に至りて船に上る。河を渡ること十里、河陰県に到る。積みて漸く行き、鄭滑の堺を過ぎて、まさに大梁（汴州）に達す。船を雇ひて汴水に入り、淮河の陰普光王寺に至る。此れ則ち大聖僧伽和尚の肉身を留む。行化の地なり。次に淮南・浙西を過ぐ。

28 五月晦、越州の開元寺に廻り到る。良諝闍梨に相看ゆ。天台法華玄義一本十巻、毗陵妙楽寺天台法華疏記一十巻、剡川石鼓寺天台法華私志十四巻、法華諸品要義一巻、都て三十五巻の法文を捨与するを蒙る。此より拝別して天台山に向かふ。

29 六月初四日、国清寺に達するを得たり。円珍、旧事を尋ね訪ふ。祖師最澄大法師、貞元年中、銭帛を禅林寺に留め、院を造りて後来学法の僧侶に備ふ。而るに会昌年中、僧人難に遭ひ、院舎随ひて去る。仍ち右大臣（藤原良房）、円珍に給ひ路粮に宛つる砂金三十両を将す。材木を買ひ、国清寺の止観院に於て止観堂を起し、長講の設に備ふ。又、三間房を造り、祖師の願を塡む。即ち僧清観に請ひて、主持人と為す。

30 十月初に至り、台州刺史朝議郎殿中端公勅賜緋金魚袋裴謨、唐興県に帖し、円珍に追命す。甚だ安存を与ふること、なほ父母の如し。（国清）寺に帰るの日、殊に駅馬を給はる。円珍（四十三歳）、恩を辞し敢て受けず。端公（裴端）更に駅館に帖す。次に素飯を供す。館子家丁各一人を差して国清（寺）に送る。大中十一年（八五七）十月、（端公）秩満ちて京（長安）に帰る。

31 十二年（八五八）正月、刺史朝散大夫勅賜緋金魚袋厳修睦、新たに台州に下る。円珍（四十五歳）、二月初頭、（台）州に至りて相看え、篤く存問を蒙る。便ち拾求法の来由、及び経論の目録を修す。貞元（最澄ら）の例に准じて、判印を押すことを請ふ。国恩の致す所、所懐を遂ぐ。

六月八日、州を辞し、商人李延孝の船により、海を過ぐ。十七日の申頭（午後二時すぎころ）、南海に高山を望み見る。十八日の丑夜（午前二時ころ）、至りて山島に止まる。矴を下して停住し天明を待つ。

十九日の平明、山に傍て行き、本国西界の肥前国松浦県管の旻美楽埼（福江島西北の三井楽岬）に至る。

（三）　後半生の歩み

32天安二年（八五八）六月二十二日、廻りて大宰府の鴻臚館に至る。八月十四日、幸ひに先朝（文徳天皇）の勅を蒙る。追って十二月二十七日、的《あきらか》に帝都（京都）に達す。

33三年（八五九）正月十六日、伏して今天（清和天皇）の召対を蒙り、御願の胎蔵・金剛界両部大曼荼羅の像を御覧にいれ、収領を賜り訖んぬ。竊に以ふに、（貞観五年三月七日）先事の不亡、後来の良軌なり。円珍（四十六歳）、謹みて旧例を検するに、祖師十禅師伝燈大法師位最澄、父師十禅師伝燈大法師位義真、延暦年中、勅を奉じて入唐請益す。帰朝の日、並びに勅印の公験を給はることを蒙る。又、師兄前入唐天台宗請益十禅師伝燈大法師位円仁、復命の時、春秋二季に永く灌頂を修し、兼ねて金剛頂経・蘇悉地経業年分度者を加へんことを請ふ。並びに報符を蒙り、師風を中興す。皆永代不朽の験と為すなり。円珍、命に殉じて、惣持真文・仏像法具、幷びに天台本宗教迹、及び諸宗の法文を求め獲ること、稍千軸に過ぐ。以て先師の遺跡に添へ、皇王の至化に翼し奉る。伏して乞ふらくは、例に准じて、牒身公験を給することを蒙り、兼ねて所由を下知し、力に随ひて流伝して、国家を擁護し、群生を利楽して、先師の恩に酬ゐんことを。謹んで求法の来由を具し、伏して天裁を聴（請か）かんてへり。

34則ち（貞観八年五月二十九日）太政官牒を被るに偁はく、右大臣（藤原良相）宣す。勅を奉るに、聞く如くんば、真言・止観両教の宗、同じく醍醐と号し、倶に深秘と称し、必ず須く師資授受・父子相伝すべしとす。苟も機縁無くんば、遇ひ難く悟り難し。法師本朝に在りて此の道に苦学す。漢家に遊歴して、更に要妙に通ず。奥理を弘宣し、以て国家の城塹と為るべきに堪ゆ。宜しく陳ぶる所に依り、所司に下知して、其の演説を許し、慧炬を増光すべしてへり。今、宣旨に依り之を公験と与に、故《ことさら》に牒す。

35初め和尚、唐に在りて国清寺の止観堂を造る。合寺歓喜し、題して天台国清寺日本国大徳僧院と曰ひ、郷貢進士沈懽をして記を述作せしむ。其の辞に云はく、唐大中七年（八五三）九月十日、日本国大徳僧、法号円珍（四十歳）、俗姓殷（因支《いき》）氏あり。扶桑（日本）より来り、巨唐福建に抵り、旋りて五台に適ひ、復して天台国清（寺）に止まり、西域金人の教（仏教）を伝ふ。我が師、幼くして能く俗を抜て、剃度出家す。慧鏡意珠を以て内明外朗、昏夜の燭を作り、苦海の舟と為す。三乗の妙理を維持するを誓願し、彼方尚ほ闕き、此の土求むべきを以て、俄に麻衣を払ひ、玉錫を飛して至り、茲の寺を遊歴す。数々星霜を換へ、（天台山）花頂の峯に陟り、（智者）大師の跡を礼《いやま》ふ。此の地、会昌（二年・八四二〜）の廃坼（破仏）より後、大中（元年・八四七）の恩旨にて重ねて興り、仏殿初めて営むも、僧房いまだ置かず。白衣の居士（俗人）、経行して暁、浮雲に泊る。青眼（外国人）の沙門、坐定して夜、盤石に棲む。師の心を慎み念を起こし、言発して響従ふ。爰に郢人を得て、幽林の樫柏を伐つ。丁々の響き、朝に南山を発つ。落々の材、暮に北塢を盈《みた》す。妙に斤斧を運び、長短規を得て、巧に墨縄を引き、曲直準を成し、功月を逾へず。其れ化城の如し。翬飛して彩は蕃園を曜す。勝槩にして光は鷲嶺を揚ぐ。（大中）十年九月七日を以て建成れり。法師（円珍）即ち此の院に住持して、苦節修行して、無為の心を以て無得の法を得、遂に瓶錫を挈ふ。別れを告げて東（日本）に帰る。即ち（大中）十二年（八五八）六月八日なり。趙郡李処士芳名達あり。爰に来りて告ぐ、愚（李達）師（円珍）と旧あり。東に雲外を望み、空に浩然を増す。仰ぎて宇の宛を覩、斯れ其の功莫大なり。乃ち余に命じて其の事を実録せん。唯不文を慙づ。咸通二年（八六一）五月十日記す。

36
和尚入唐して、頻りに天竺諸三蔵（怛羅・智慧輪など）に遇ひ、悉曇幷びに梵夾経・諸瑜伽を習学す。其の言語・音詞、一に彼方の詞と同じく、分別あるなし。是に由り先後三蔵に遇ふ所、其の授を易くするを嘉び、兼ねて亦之を歎異す。和尚、貞観の初め（八五九）帰朝す。故太政大臣美濃公（藤原良房）、深く相尊重し、資廩供養すること、日夕絶えず。和尚、乃ち本山の旧房（西谷の唐院か）に住み、所伝の大法、及び自宗の章疏を以て、諸僧に教授す。

37貞観五年（八六三）、近江国滋賀郡の園城寺に於て、両部の大法を以て、宗叡阿闍梨に授く。六年（八六四）秋、勅を奉じて京に入り、仁寿殿に於て、大悲胎蔵灌頂の壇を結ぶ。皇帝（清和天皇）壇に入りたまふ。尊位を宝幢如来に定む。美濃公（良房）首と為る。壇に入る者三十余人なり。其の後、重ねて勅あり。和尚をして大毗盧遮那経一部を講ぜしめよと。皇帝（清和天皇）之を聴きて倦むを忘れたまふ。当時の有識、預りて之を聞く者二十余人なり。

38八年（八六六）春、美濃公（良房）勅を奉じ、和尚（五十三歳）をして冷泉院に住せしめ、持念の壇を建て、専ら宝祚を祈り、兼ねて皇太后〔後に染殿の太皇太后と号す（藤原明子）〕を護持せしめたまふ。其の年（八六六）七月十七日、太政官牒あり。和尚をして、真言・止観両宗を弘伝せしむる事、本寺に下さしむ。其の官牒、文多くして載せず（実は貞観三年正月十六日条の後に「太政官牒」全文引用）。

39九年（八六七）、唐温州内道場供奉徳円座主、婺州人詹景全の国に向かふの便に付して、（武）則天皇后の縫繍四百副の内、極楽浄土変一鋪〔長さ二丈四尺、広さ一丈五尺〕、織絵霊山浄土変一鋪〔長さ一丈五尺、広さ一丈〕、付法蔵、上は釈迦迦葉より、下は唐慧能に至るの影像二幀子〔各々広さ四丈〕を贈る。其の由何となれば、和尚在唐の時、彼の座主に謁す。相綢繆（懇篤）にて曰はく、余、叡岳に在り、今貴国に到る。徳円座主、心腸を隔るなく、唯其の諱の同じからず。亦其の志を一と為す。時に座主、此の霊蔵を以て、和尚に付属して曰はく、既に匪石（堅固）の談あり。因りて寄金（信願）の款を表はし、毎々瞻仰を致す。以て遺忘する勿れと。和尚分付を見て、数千斤綵糸像を請来せんと欲す。羈旅の中に盤欝す。懐を述べて曰はく、余、蒼波を渡るは、法宝を求むるためなり。今の如く法文を求め得て、殆ど船を剰すべし。もし便李（使者）あらば、追って付送せんと欲す。爰に座主、点頭して唯す。然れば、言約を失はず。遂に以て付送す。爰に和尚、待得して思量す。既に是の大国霊異の像、あに啻《ただ》に一蔵の裏に撈籠せん。仍ち命じて万人の拝見を為す。年年の舎利会（四月八日）那辺の日に至る毎に、塔簷を懸けて会の先兆と為す。

40 十年（八六八）六月三日、勅あり（天台）座主に任ず。時に生年五十五、夏臘三十六なり。十四年（八七二）九月、暇を請ひて山に帰る。爾より以後、朝家（天皇）の懇請に非れば、嘗つて山扉の外に出でず。十五年（八七三）、官符に依り、三部の大法を以て、僧正法印大和尚位遍照阿闍梨に伝ふ。乃ち延暦寺総持院灌頂道場に於て、三部大灌頂を授け、及び悉曇弁諸尊別儀等を伝ふ。

41 十七年（八七五）、公家（朝廷）に言上して偁はく、維摩会は、的に是れ競学の場、走り趁くこと至つて多く、潮湊に勝る。而して斯の宗の聴衆、只一人に限るは、均請の勅に違ふに似たり。望み請ふらくは、今より以後、宮中の金光明会に準じて、二人を差されんことを。然れば先聖（桓武天皇）の詔旨（延暦二十一年正月十三日太政官符）に允《あた》り、今天（清和天皇）の高願に愜《みた》すてへり。十八年（八七六）九月二十三日、更に一人を加へしむべきの宣旨（官符）、寺家に下る。

42 元慶元年（八七七）、（陽成）天皇登祚の初、例に依り（翌二年四月二十九日）百座仁王般若経を講ず。別に勅命あり。和尚、御前講師と為る。是の日、宏弁涌溢、金声玉潤、座を闔ふ公卿、歎服せざるなし。五年（八八一）、唐婺州人李達、和尚の嘱に依り、張家（蒙）の商船に付けて、本朝の一切経闕本一百二十余巻を送り来る。六年（八八二）、僧三慧を遣して入唐し、重ねて闕経三百四十余巻を捜し写さしむ。先後和尚写し伝ふる所の経論章疏目録、文多く載せず。

43 七年（八八三）（三月二十六日）、勅して法眼和尚位に叙す。其の辞に云はく、勅す、天台座主珍公（七十歳）、惟れ公声高く手を印す。価重ねて眉を連ぬ。禅門の棟梁と作《な》り、法水の舟檝を兼ぬ。朕（陽成天皇）降誕の時より成立の日に至るまで、公の潜衛に頼り、なほ保存を得たり。酬いんと欲するの心、監寐尤も切なり。因りて今、法眼和尚の位を授け、聊か朕の懃懇の懐を叙す。庶くは徳望を山楹に増し、光華を澗戸に発せんことを。

44仁和元年（八八五）、（二月二十三日）皇帝（光孝天皇）践祚したまふ。又、（四月二十六日）例に依り仁王経を講ず。和尚（七十二歳）亦仁寿殿の講主と為る。皇帝、其の雄弁を悦び、深く慰謝を加へたまふ。二年（八八六）秋、皇帝（光孝天皇）不予、危篤甚だ劇し、薫修走幣、遂に験を得るなし。太政大臣越前公（藤原基経）、人をして和尚を屈し、帝の病に侍せしむ。和尚、命を奉じて山を下り、仁寿殿に侍す。一宿の中、病即ち平愈し、和適常の如し。天皇深く以て感服したまふ。勅して云はく、朕深く公の恩に酬いんと欲す。公何か希望あるやと。和尚答へて云はく、貧道菩提の外、亦求むる所なし。但、叡山の地主明神、弘道の寄を以て、深く貧道を託す。昔は滄溟を踰えて法を求む。亦是れ山神の志なり。伏して望むらくは、年分度者二人を加へ、山神の恩に報いんことを。天皇嘉納して、即ち年分度者二人〔一人は大日業（大毗盧遮那業）、一人は一字業（一字頂輪王経業）。〕を給す。

45四年（八八八）、和尚（七十五歳）、興福寺維摩会の講師を請はる。一往謙遁し、状を具して辞退す。時に会の大檀越太政大臣越前公（基経）の報状に云はく、具さに貴状を閲し、的に事の趣を承れり。維摩会は、是れ仏法の繫ぎ所、古今の重んずる所なり。会は本朝に在りて、名は唐国に聞ゆ。是れ故、代々相丞け、智徳高才を屈し得て、其の法匠と為す。従来尚べり。而るに叔世澆薄、競争交馳、勤めて捜揚を加ふと雖も、而もなほ意の如く非ず。深く恐る、法燈光を滅し、昏を照らすの明に乏し。義海潤を涸し、浪を鼓するの勢ひ少し。あに啻《ただ》に一氏の為に栄耀を求めんや。広く四海の為に福祐を蒙るのみ。坐臥に思ひを労し、其の人を得るを願ふ。和尚智鏡早く瑩《あきら》かなり。慧珠高照、人天の欲する所、議せずして固辞す。再三覆念、手から請署を奉る。而るに和上、権の疾に託し弁じ、謙譲に事《つか》ふるに似たり。素情相違、鄙懐安んずるなし。但、和上智徳共に高く、年位復尊し。更に講匠を忝くし、還りて威を損ずるに似たり。伝へ聞く、世尊は物を利し、貴賤を嫌はず。苟も興法の為に、何ぞ前後を論ぜんや。況んや復、浄名疾を現はし、文殊問ひを致す。苟も帰依あらば、必ず冥助を蒙らん。此の会の興り、大意此に在り。和上もし法会を興すに意あらば、必ず影像の来問を得て、権現の小悩を除却する望みなり。早く法炬に挑み、速く請疏に叶ひ、縦《たと》へ百命ありとも、曽って一従ならんてへり。和尚、報状の鄭重に鍾《あた》り、倩以て念じて言はく、余一紀山に蟄りて法文を披閲し、兼ねて復入唐求道の時、数般英俊に遇ひ疑関を扣む。今講肆に預り、蓋し身名を忘る。爰に山上当時耆宿す。叡操・猷憲・康済・元誉・道海大法師等、驚き覚ゆ。和尚登高の事、孔に一宗の面目と為す。但、天台座主及び僧綱を以てす。既に是れ宣命の職、和尚唯に座主の職のみならず、兼ねて僧都の位に登る。今更に那ぞ講匠の地を履んや。諸徳の陳ぶる所、道理あるに依り、重ねて以て辞退す。

46寛平二年（八九〇）冬、寺僧大小相率ゐ、表を上りて曰はく、延暦寺僧叡操等謹みて言はく、聖師に遇ふこと希《まれ》なり。誰か薝蔔《くちびる》の芳を攀りて真理聞き難し。焉《いず》くんぞ醍醐の味を嘗めん。禅徒の志、懇切茲に在り。座主法眼和尚円珍（七十七歳）、道樹の英を得て、仏瓶の水を写す。覚路を精進し、不退の輪を脂す。励法の軍を率ゐて、無畏の鼓を撾つ。況んや復、畳浪を航して道を問ひ、孤岫に反つて業に伝ふ。如来の心印を持ちて、菩薩の髻珠を授く。灌頂の壇を領すること二十有年、木叉の衆と化す。千万余人、既にして寒嶠年深く、艸菴老い至る。六時の修行、一念回向、冥護を金輪に致し、潜衛を絳闕に献ぜざるなし。伏して惟ふに陛下、政は法鏡を鑒し、化して世燈を照らす。天日を転じて堯曦を助く。甘露を流して聖沢に添ふ。遂に優命を澗戸に溢れしめ、寵光は松扉を映えしむ。国の為に道を為して、帝念深し。然して法眼の名、稍散職に似たり。座主の号、唯一山に施すのみ。もし法務の要領を総べ、道統の紀綱を握らざれば、則ち増慢の徒、何ぞ以て降伏せんや。叡操等、山神を唱へて誠を凝し、絹心を聚めて慮を同じくす。闍梨を推挙して、僧綱と為さんことを望む。伏して願はくば、卑聴は纊を巻き、慧眼は旒を褰ぐ。天光曲降、大衆の中襟を照らし、雲渙忽ち施す。満山の渇企を灌ぎ、精誠の至りに任せず。

拝表し以て聞す。時に太政大臣越前公（藤原基経）、且は推薦を加へ、即ち（十二月二十六日）少僧都と為す。和尚、諸僧に語りて云はく、今日の推奨、極めて素懐に非ず。但、上は聖主の恩施に違ふことを懼れ、下は大衆の篤志に乖《そむ》くことを憚る。故に旬月の間、暫く此の号を叨し、須く大衆をして早く賀表を奉るべし。然る後、辞退の詞を抗するのみ。

47三年（八九一）夏、寺家大衆数百余人、闕（内裏）へ詣り賀表を奉りて云はく、延暦寺沙門叡操等謹みて言はく、去年十二月二十六日、恩勅にて座主法眼和尚位円珍に授くるに、少僧都の職を以てす。僧徒歓呼し、駿奔して相告ぐ。山神之が為に驚喜し、廟塔是に由り震動す。円公（円珍）生れて摩尼宝（如意珠）を為す。発して優曇華（稀有）を為す。智は円鏡を瑩《みが》き、像に随ひて暉きを分つ。器は鴻鐘を蘊《つ》み、叩くを待ちて響きを成す。復形外の神、独り金縄の境に遊ぶと雖も、然して心中の眼、常に玉階の塵を観る。伏して惟ふらくは、皇帝陛下（宇多天皇）、徳は四埵に洽く、化して千葉を同じくす。唯蒼生その皇沢に沐するに非ず。亦緇徒その天浪を潤す。既にして彼の正法を護り、此の台宗を崇め、一山の闍梨を擢て、四衆の都領を為し、恩綸と綺閣に発し、寵栄を巖扃に耀す。喜気紛郁、新たに台嶺の霞を添へ、徳馨薫蒸、潜に霊山之窟を満たす。叡操等、宿して福業を植ゑ、生じて明時に属し、未曾有の善を見て、不可量の恩を戴す。円珠光を増し、弥ゝ一乗の轍を照らす。法薬味を倍し、永く群生の痾を愈す。欣感交幷、恒品を百し、抃舞の至りに任ぜず。拝表以て聞す。其（八九一）秋、和尚まさに表を抗して職を辞せんとす。而して坐禅に暇少く、法務に端多し。秋を経て冬に入る。いまだ宿慮を遂げず。臨終の日、遺恨更に深し。

48初め今年（八九一）春二月、和尚（七十八歳）俄かに門弟子に語りて曰はく、我今年まさに終らんとす。汝曹よろしく之を記すべし。其の葬送の法、すべからく木を以て棚を造り、棺を其の上に安んじ、薪を棚の下に積み、漸く火を以て之を燃し、之を地上に焼くを得ざるべし。何となれば、我が身誠に濁穢と雖も、常に諸尊を観、心殿に蔵す。薫染なほ在り、何ぞ自ら軽んずべけんや。又云はく、我伝ふる所の三部大法、よろしく其の人を求めて之を伝ふべしと。

49 其の年（八九一）五月、即ち奏聞を経て官牒を蒙り、三部大法を猷憲・康済両大法師に伝授し、以て三部阿闍梨を為し、仏種を断ずと為すなり。時に門人夢みる。大山崩倒す。或は夢みる。当寺の丈六仏、座を起ちて他に去る。冬十月二十七日、和尚忽ち自ら門人に唱へて云はく、十方の聖衆、我が房に雲集す。汝等早くまさに房舎を掃灑し、香華を排批すべしと。此の如く口唱し、手を叉すこと左右、相揖すること再三なり。是より先、和尚、唐本涅槃経疏十五巻を写さしめ、まさに寺家に流通せんとす。書写の後、手親ら讎校し、其の謬誤を正す。二十九日、臨終の朝、なほ亦、此の疏を執り持つ。乃ち門人に語りて云はく、如来慧を以て命と為す。比丘法を以て身と為す。汝等よろしく之を憶ゆべし。

50 其の日（十月二十九日）の食時、斎供常の如し。日没の後、手は定印を結び、眼を合せて安坐す。念仏懇に至り、尋常に倍せり。五更時に至り、更に起きて袈裟を索め、手捧げて頂戴し、水を取りて口を漱ぎ、右臥して入滅す。終《つい》に病痛なし。其の夜、満山大小、天楽の虚空に満つるを聞く。乃ち叡山南峯の東埵に葬る。送終の制、皆遺旨の如し。時に和尚春秋七十八。夏臈五十九。座主職に居ること二十四年なり。

（四）逸話と諡号

51 初め和尚、唐温州に在り。内道場供奉の徳円と相善と、和尚帰朝の後、貞観九年（八六七）書を送り慇懃を通ず。乃ち繡文の極楽浄土一副〔長さ二丈四尺、広さ一丈五尺〕及び織絵の霊山浄土一鋪〔長さ一丈五尺、広一丈〕及び紺の瑠璃壺に仏舎利を容れたるを贈る。又、婺州人の詹景全、和尚に帰依し、深く檀越を契る。和尚帰朝の後、景全、付法大師として、上は釈迦迦葉より下は唐の慧能に至るまでの影像二幀子〔各広さ四丈〕を図画して、同じく亦これを送り来る。又、天台宗の法文、并びに諸経論、未だ本朝に伝はらざる者、和尚入唐して求め写し齎《もたら》し来る者に於ては、其の数甚だ多し。其の後元慶五年（八八一）、唐の婺州人李達、和尚の嘱に依り、張家の商船に付して、本朝に一切経闕本一百二十余巻を送り来る。元慶六年（八八二）、和尚又小師三慧を差して入唐し、重ねて闕経三百四十余巻を捜さしむ。先後、和尚の写し伝ふる所の経論章疏目録、文多く載せず。是より先、故太政大臣越前公（藤原基経）、本願有りて一切経を書写し、常に諸経の多き闕を恨み、是に至りて大いに悦ぶ。既にして皆これを写し補ふ。

52和尚の形神は倫を超え、骨気に余り有り。何となれば、和尚、天台の国清寺に遊ぶの日、耆徳・清観・元璋と、深く情好あり。元璋は常に和尚を誡めて云はく、里に入りて止宿するには、殊に用心すべしと。和尚、頂に霊骸有り。此れ凶邪の人、常に窺ひ求むる所なりと。和尚問ひて云はく、之を取りて何に用ひるやと。答へて云はく、無頼の輩、将に福智を求めんとす。人の霊骸有る者を見れば、密かに殺戮を謀り、其の頭髏を持ち、以て蔵往知来の用、求福致利の資と為すと。台州の刺史端公（裴諝）、和尚を見て旧交の如し。亦此の霊骸を以て深く身を固むるの誡めと為す。和尚答へて云はく、もし宿業有らば、防護何ぞ益あらん。もし宿業無くんば、凶人それ我をいかんと。

53又、越州の良諝和尚は、天台宗の智徳なり。才学幽微にして、究めざる所無し。和尚これに遇ひて請益す。良諝、深く以て器重、知遇篤密。心を抜きて指示するに、瓶水を瀉すが如し。初め和尚、江南より発して西京（長安）に至る（両京なら長安と洛陽）。歴る所の諸州耆宿の名僧、及び詞客の才子、欽愛褒美し、談じて口を容れず。先後に呈する所の詩、稍一十巻に及ぶ。文多くして載せず。

54和尚、帰朝の後、清観・元璋、及び諸〻嘗って蓋を傾いて相逢ふ者、追慕して弥〻深し。便李（使者）有る毎に、音問して絶えず。貞観中（八六二から数年か）、清観より和尚に贈る詩に云はく、叡山の新月冷かに、台嶠の古風清かなりと。当時の詩伯菅相公（菅原是善）、此の一句を視て、太だ絶倒を為す。

55初め元慶中、和尚本山に住す。忽ち涙を流し悲哽して云はく、大唐天台山国清寺の元璋大徳、昨夕入滅せり。幾も無し。其の後一年、又哭泣し甚だ悲しみて云はく、我れ大唐請益の師良諝大和尚、奄忽として遷化せり。貧道すべからく追福を修し、門弟子の志を致すべしと。乃ち調布五十端を捨て、延暦寺の講堂に於て諷誦を修す。当時これを聞く者、未だ信有らず。然して其の後元慶七年（八八三）、栢志貞（唐商人）大宰府に到著す。天台国清寺の諸僧、幷びに越州の良諝和尚遺弟子等の書信、並びに志貞に付して和尚に送る。具さに元璋幷びに良諝和尚の遷化の日を録す。和尚の先語と、曾つて睽違すること無し。亦、諸僧に語りて云はく、嗟乎《ああ》、留学和尚の円載、帰朝の間、滄海の中に漂没す。悲しいかな。骸を父母の国に帰らず。空しく身を鮫魚の郷に終る。命なるかな如何。再三感咽して、涕泗漣如たり。其の後（元慶元年）入唐沙門智聡、帰朝し語りて云はく、智聡初め留学和尚円載に随ひ、商人李延孝の船に乗りて海を過る。俄にして悪風に遭ひ、舳艫破散す。円載和尚、及び李延孝等、一時に溺死す。時に破舟の間、一小板有り。智聡儻《たちまち》これに乗り著きえて、須臾に東風迅烈、浮査西飛して、一夜の中に大唐温州の岸へ漂著す。其の後、亦他の船に乗りて、本朝へ来り帰る。是に於て円載和尚没溺の日を計るに、正に是れ和尚悲泣の時なり。天下、歎異せざるなし。

56 貞観の末（十九年＝元慶元年・八七七）、総持院十禅師済詮、将に入唐求法し、幷びに五台山文殊師利菩薩を供養せんとす。主上（陽成天皇）及び諸公卿、多く黄金を捨て、以て文殊を供養するの資と為す。済詮、山を辞するの日、和尚に拝別す。便ち大唐の風俗を問ひ、兼ねて将に漢語を習はんとす。和尚黙然として一も対する所無し。済詮、深く恨色有り。起座の後、和尚、門人に語りて云はく、此の師、才弁有りと雖も、未だ空観に暁《あきら》かならず。入唐謀りて名高を衒《てら》ふに似たり。もし心殿掃かざれば、何ぞ三尊の加持を得ん。もし加持して至らざれば、何ぞ万里の険浪を踰《こ》えん。其の後、済詮、唐の岸に著かず、又至る所を知らず。和尚の先識機鑒、皆此の類なり。弟子、或は問ふて曰はく、和尚は万里の外を洞視すること、戸庭の中に在るが如し。将来の事を察知するに、目睫の間に置くが如し。あに神通力の致す所ならんや。将に宿命智の成す所か。和尚、大いに笑ひ答へて云はく、我れ少年より金剛薩埵に帰依し、以て本尊と為す。故に現在も未来も善悪業報、或は夢中にこれを示し、或は念定の間、形に現れて告げ語るのみ。識者、其の実語に服して矯飾せざるなり。

57和尚、入山の時より臨終の日に至るまで、経典を渉獵し、義理を誦憶す。或は昧旦几に隠れ、俄に斎飡を忘る。或は終夜燈に対し、遂に仮寐すること無し。年八十に及びても、耳目聡明にして、精神明悟、歯牙に蠹無く、気力衰へず。食啖の間、曽つて麁渋と甘味を別けざるなり。論者皆以て、六根清浄を得たるの験と為すなり。和尚、総て一切大小乗経論章疏を披覧すること三遍、自宗の大乗経幷びに章疏を講演すること勝《あげ》て計ふべからざるなり。

58（寛平三年・八九一）大法を受けて阿闍梨位に登り、幷びに一尊の儀軌を受くる者一百余人、手から鬚髪を剃りて戒を授け、弟子僧と為る者五百余人、登壇受戒し菩薩僧と成る者三千余人なり。初め伝教大師（最澄）木を斬り草を刈りて延暦寺を建つ。遂に大唐へ入り、天台・真言両宗を伝ふ。其の後相承け、両宗を闡揚し、大門戸を光す者は、慈覚大師（円仁）と和尚（円珍）のみなり。

59和尚晩年、特に尚書左少丞（左少弁）藤（藤原）佐世と起居郎（少内記）善（三善）清行とを愛遇す。綢繆恩好、宿世の契有るが如きなり。故に和尚の遺美を著すべき者は、此の両人が仁に当るなり。而るに寛平三年（八三一）春、藤大夫（佐世）奥州刺史（陸奥国の守）に謫され、清行も且つ備州長史（備中国の介）に左遷されて、居任の間に和尚滅度す。九年（八九七）秋、奥州（佐世）恩を蒙り、徴して左尚書（左大弁）と為る。駕を促して洛（京都）へ帰らんとするも、中途に殞す。清行、其の年（寛平九年）、秩解きて京に入り、亦翰林学士（文章博士）に転ず。

60今年（延喜二年・九〇二）、和尚の遺弟子、相共に和尚平生の行事を録し、余（清行）をして其の伝を撰び定めしむ。此れ亦、和尚の遺志なり。余、此の聖跡に対して、宛も再び逢ふが如し。筆を握りて涙を流し、一字一滴、願はくば我れ今日の実録に頼りて、他生の冥期を結ばん。
延喜二年（九〇二）冬十月二十日
翰林学士善清行これを記す。

61前の家伝綱所の牒を以て一本を清書し、国史所に奉ること、已に訖んぬ。仍て記す。
延喜二年壬戌十一月十九日
伝燈満位僧台然／伝燈法師位鴻与／伝燈法師位
総持院十四禅師伝燈法師位慶蓮／浄福寺四禅師伝燈大法師位京意
総持院十四禅師伝燈大法師位惟瞻／定心院十四禅師伝燈大法師位良勇
総持院十四禅師伝燈大法師位悟忍／阿闍梨十禅師伝燈大法師位増命
阿闍梨定心院十四禅師伝燈大法師位増欽／阿闍梨十禅師伝燈大法師位慈鏡

62件の家伝記録の濫觴は、延喜二年（九〇二）秋、綱所より和尚（円珍）の家伝を進むべきの牒、寺家に到来す。寺家の記録、国史所へ進むべき由、山王院に牒す。爰に和尚入室良勇十禅師、委しく和尚平生始終の事を憶へ、同じく入室鴻与大法師、和尚手中の遺文を引勘す。兼ねて復、同じく入室諸大法師、衆口討論す。乃ち最後の入室台然をして筆授略記せしむ。其の後、善学士（文章博士三善清行）に付して之を撰定せしむ。学士は一に以て和尚の微旨に在るを憶ひ、一に以て門人の中誠に叶ふ。公に奉るの隙、撰述すること已に畢んぬ。

63和尚、寛平三年辛亥（八九一）（十月二十九日）遷化す。厥《そ》れより以降、延長五年（九二七）に至るまで、都盧《すべて》三十七箇年、此の（延長）五年十二月二十七日、聖主（醍醐天皇）勅して贈位・謚号を賜ふ。爾後公私、挙げて智証大師と称す。其の文、左の如し。

天台座主少僧都法眼和尚位円珍

右、法印大和尚位を贈り、智証大師と号すべし。勅すらくは、慈雲秀嶺、仰げば則ち弥ゝ高し。法水清流。これを酌みて寧ろ尽く。故に天台座主少僧都円珍、戒珠に塵無し。慧炬照らす有り。大瀛を渡りて法を求む。異域に騁して師を尋ぬ。物を済して宗と為し、舟檝を苦海に泛べ、他を利して意に在り。斧斤を稠林に加ふ。是れ以て蒙霧、其の翳昧を斂む。朗月は其の光明を増し、遺烈は永く伝はる。余芳遠播、追つて志節を憶ひ、以て褒崇するに足る。宜しく法印大和尚位を贈り、智証大師と謚号すべし。前件に依るべし。主者施行せよ。

延長五年（九二七）十二月二十七日

三品行中務卿敦実親王〈宣す〉／従四位上行中務大輔源朝臣国淵〈奉ず〉／従五位下行中務少輔源朝臣興平〈行ず〉

勅を奉ること右の如し。牒到らば奉行せよ。

延長五年十二月二十七日

参議従四位下守治部卿兼讃岐守（藤原）当幹／治部大輔〈闕〉／参議正四位下行左大弁兼讃岐権守（源）悦

法印大和尚位智証大師に告ぐ。

勅を奉ること右の如し。符到らば奉行せよ。

治部少輔従五位下（橘）公彦／大録〈闕〉／少録（藤原）茂倫／少録（橘）直幹

延長五年十二月二十七日下す。

64　**門人の賀書**

延暦寺沙門智祐等、伏して昨日の勅命を奉る。先師に法印和尚の崇班を贈り、智証大師の追謚を賜はる。感空谷に生じ、歓び満山を動かす。故大師、遥かに滄溟を渉り、深く白法を求む。写瓶の水を遺さず。能く伝燈の光に挑む。其の身日域に帰して道を道天梯に弘むるに至る。実智の門高く開き、秘密の雲遍く覆ふ。而して荼毗遠く過ぎ、名号を仁山に改めず。蘭徳長く存す。幾くは忌諱を法苑に触れんことを。是れ則ち門弟子等、常に慷慨する所なり。爰に飛龍の使（勅使藤原俊房）、影堂を開きて徘徊す。彩鳳の書、光寵を加へて追贈す。凡そ緇侶に在るもの、誰か悲喜せざらんや。遺法弟子、戴恩の至りに耐へず。謹みて闕に詣りて表を抗す。陳謝すること以て聞す。沙門智祐等、誠惶誠恐、謹みて言す。

延長五年十二月二十九日

弟子連署大法師等

65前の勅賀両道の書を以て、同じく家伝の末に記すこと件の如し。

勅書　民部大輔藤原博文作。

賀書　大学頭大江維時作。

延長六年二月十六日記し畢んぬ。

天台宗円珍伝〈終〉

※　承久二年（一二二〇）四月二十五日、南山艸菴に於て、多を以て本移点対勘し訖んぬ。

裏書に於ては、廃忘に備へんが為め、私に抄著する所なり。後賢これを写すべからず。　静尊記

永享九年（一四三七）丁巳卯月八日

嵯峨五大堂普観坊宝祐

⑪　藤原保則伝

【本文】

藤原保則伝

〔冒頭闕文〕

（Ⅰ　備中・備前の国司）

旱。田畝尽荒。百姓飢饉。□□相望。群盗公行。邑里空虚。葉賀哲多両郡。在山谷間。去府稍遠。郡中百姓。或劫掠相殺。或逋租逃散。境内丘墟。無有単丁。前守朝野貞吉以苛酷而治之。郡司有小罪者皆着鉗鈦。人民犯纖毫者捕案殺之。囚徒満獄。仆骸塞路。公到任之初。施以仁政。宥其小過。存其大体。放散徒隷。遍加賑貸。勧督農桑。禁止遊費。於是百姓繦負。来附如帰。田園尽闢。戸口殷盛。門不夜扃。邑無吠狗。府蔵多蓄。賦税倍入。遂受租税返抄卅四箇年。受調庸返抄十一箇年。自古以来。未嘗有此類也。十三年叙従五位上。即遷備前介。十六年転権守。公在備前。徳化仁政。一如在備中時。凡厥僚下。若有奸賊者。曾無所発明其咎。即竊於間処相語云。君久疲学官。初得此官。必当立其廉節。勉取栄誉。豈可思滞一州小吏乎。然而上資父母之供養。下給妻子之飢寒。撓性屈心。受此濁穢。斯皆貧窶之憂羈累善人。僕有薄俸。冀随君所用。以資給之。勿犯官物而已。即分賜其俸。不限多少。於是恥格之化如風靡草。吏民畏愛。号曰父母。備前備中両国界上。有吉備津彦神。若国有水旱。公即祈禱。心致感応。速於影響。若境中有奸者。

立降冥罰。嘗此神形見。語公云。感公徳化。深以欣服。冀也助公為治。終此善績。由是治化両国。前後年歳頻豊穣。百姓和楽。時安芸国偸児遮険。劫盗備後国調絹卌疋。逃走入草。道宿備前国石梨郡旅舎。盗語主人翁云。此国太守化跡何似。主翁語云。府君化民。専用仁義。一国之人尽為伯夷。恩信之感。自通神明。故国有奸濫者。吉備津彦神立降誅罰。及具語其治化本末。皆如実事。盗顔色大変。似有恥畏。終夜歎息。展転不寝。向暁馳詣府門。叩頭自首云。小民無状。略奪備後国官絹卌疋。改過服罪。願賜生命。公召盗。語云。汝知向善。遂非悪人。即賜米糧。封贓絹。付盗移備後国。僚下皆云。此奸盗之人也。恐不達彼国。公云。此人已改心帰誠。豈更有変其志乎。不聴。於是盗得移文。令送備後国。時備後守小野喬木。且恠且悦。即放遣盗人。自詣備前。拝謝庭中。凡厥徳化。感服人神。皆此類也。十七年秋解帰京。両備之民。悲号遮路。里老村嫗。頭戴白髪者。各捧酒肴。拝伏道辺。公謂。老人之心不可違失。為之留連数日。相次競到不可過止。公以為。若当如此。必引日月。仍竊艤小船。軽棹解纜。時与従者相期。有未到者。仍暫泊和気郡方上津。於是備前郡司等。聞公無糧儲艤船。白米二百石。奉進泊処。公謝云。無甘棠之遺愛。忝故人之厚贈。雖然篤志深蜜。何不嘉納。即受之無所辞。郡司等初思。公性過廉。必不受此贈。及聞此報。大悦帰去。頃之公遺国講師書云。自次此泊。舟中頻有怪異。風浪難測。憂念誠深。望率僧徒。来会津頭。相共祈念海行之穏焉。於是講読師率国分僧等。馳詣泊処。公語云。願諸僧各読誦般若心経一遍。功徳足矣。諸僧承旨。即読誦心経畢。即以此米二百石。悉充誦経布施。夜中飛帆。出去不顧。

（Ⅱ　右中弁兼出羽守）

十八年正月任右衛門権佐。兼検非違使。公語所親云。昔者帝堯之民。皆可比屋而封之。時皐陶以大賢為獄官。若有疑罪則令獬衆決之。豈有枉濫之罪乎。亦所用者象刑也。無惨毒之料焉。豈有怨酷之人乎。然而論者以為。英六之封不絶組。此皐陶治獄之咎。況今末代澆薄。人多阿□。誅罰之間。失両造。縦有惻隠之情。必成子孫□。再三辞譲。遂不就職。無幾遷民部大輔。民部省例。以商布貴。貸諸国米。以充官人厨用。名為交易。実是箕斂。諸国百姓。為之愁苦。公在職一年。遂無一飯。元慶元年。任在右中弁。二年二月出羽国蝦夷反乱。攻秋田城。城司良岑近者不能城守。脱身伏竄於草莽之間。賊放火焼城。軍資器械一時蕩尽。逆徒蟻聚。分兵囲諸城戍。国守藤原興世弃府城逃走。時為太政大臣昭宣公摂政。乃勅陸奥国。発兵三千人。起援出羽国。於是陸奥守須大発国中。得精騎千人歩兵二千人。其送鎧甲糧儲者。将万人。以大掾藤原梶長為押領使。令与出羽軍討撃賊虜。出羽掾藤原宗行。文室有房。小野春泉等。亦発国中歩騎二千余人。相共屯秋田河辺。時賊徒千余人乗軽舸。随流俄至。梶長等率兵対戦。天時大霧。四面昏暗。於是賊衆数百人持兵欻至官軍後。同声大門。奔突官軍。官軍大駭。狼狽散走。賊乗勢前後奮撃焉。官軍大潰。遂斬出羽国弩師神服真雄及両国偏裨数十人。軍士被殺虜数百千人。軍実甲冑。悉被鹵獲。遂相蹈藉。死者不可勝数。文室有房被創殆死。小野春泉潜伏死人之中纔得免害。藤原梶長深竄草間。五日不食。賊去之後。歩逃至陸奥国。五月二日。両国飛駅忽至。於是昭宣公大驚。与公謀事。語云。東方之将累長者。公辞謝云。身旧文吏。未嘗知跨馬引弓。非敢愛措微駆。恐成朝廷之恥。昭宣公曰。自天智天皇時。藤原氏代立勲績。朝所倚頼。方今身非伊周。忝摂家冢。遭此寇乱。内慙外□。瓜葛之儀。君亦可悉。願尽智謀。勿為飾譲。公曰。必不得已。可用愚計者。冀露肝胆。無有所隠。恐殿下不得能用之。昭宣公専意安付。遂無他腸。公曰。蝦夷内附以来。欲漸二百年。畏服朝威。無有寇逆。如聞。秋田城司良岑者。聚斂無厭。徴求万端。故畳怨積怒。致叛逆。夷種衆多。不遞相合従。賊徒数万。窮寇死戦。一以当百。難与争鋒。如今之事者。雖坂将軍再生。不能蕩定。若教以義方。示以威信。播我徳音。変彼野心。不用尺兵大寇自平。昭宣公曰。善。公亦曰。今当以恩信化服夷狄。若郡醜之中。猶有不馴服者。必可以兵威而臨之。前左近衛将監小野春風。累代将家。驍勇超人。前年頻遭讒謗。免官家居。願先令春風率積衆。示以朝廷之威信。然後以徳招致。未歴数月。自応銷散。昭宣公大悦。其月四日。叙公為正五位下。即以右中弁兼出羽権守。擢春風為鎮守将軍従五位下。及陸奥介従五位下坂上好蔭受公節度。公奉詔以後。数日進発。昼夜兼行。行跡之間。飛駅継途。奏賊虜強盛。官軍頻敗。及城或失守群隊陥没之状。時従騎十余人。皆無不褫魂奪気。而公容色不変。曾無畏憚之意。既至出羽国。命春風。好蔭。各将陸奥国精騎五百人。直入虜境。召其酋豪。宣以国家之威信。先是賊聞王師来討。率衆万余人。遮守険瞼隘。春風少遊辺塞。

能暁夷語。即脱甲冑棄弓牟。独入虜軍。具宣朝命。皆如公意。於是夷虜叩頭拝謝云。異時秋田城司。貪欲暴横。谿壑難塡。若毫毛不協其求者。楚毒立施。故不堪苛政。遂作叛逆。今将軍幸以天子恩命而詔之。願改迷途帰幕府。於是競以酒食餽饗官軍。其豪長数十人。相率随春風。至出羽国府。公即召見慰撫。賊亦尽返献先所虜略之生口及軍器。時有渠帥二人。不肯帰附。公語諸蒙長云。一二虜不来。於汝心如何。豪長等倶陳云。殊自有謀。願暫垂寛暇。後数日。遂斬両夷首以献之。公即発使者。撫佃余種。自津軽至渡嶋。雑種夷人。前代未曾帰附者。皆尽内属。於是公復立秋田城。凡厥塁楼塹。皆倍旧制。三年。改権守為正守。右中弁如故。有勅暫留鎮撫之。此国。民夷雑居。田地膏腴。土産所出。珍貨多端。豪吏幷兼。無有紀極。私増租税。恣加徭賦。又権門子年来求善馬良鷹者。猥聚如雲。辺民愚朴。無知告訴。唯随其求。不言煩費。曰。是隴畝之民。皆若貪窮。奸猾之輩多致富溢。公施以朝典。教示百姓。厳張憲法。勿令侵犯。若吏有不法者。捕而案之。由是百姓安堵。夷道清不。時陸奥国夷狄有訴訟者。皆到出羽国而取決。公初在所備。専以仁恵而化之。及治出羽。更以威厳以理之。吏民有罪。無有所宥。当論者不能測其深浅。四年四月。依官符入京。時在朝卿相。皆賀公勲績。公辞謝云。此皆朝威之所致。非愚略之有施也。是時天下皆以為。公不労一卒。平定大寇。朝廷必当疏爵答其殊勲。而偏用公辞譲。遂無優崇之制。又良岑近者。貪叨賊穢。致此寇乱。無亦無懲悪之典。由是衆議多譏昭宣公賞罰之柄。公性楽静默。不好劇務。屢対昭宣公。固辞弁官。七月。任播磨守。

辞不赴任。

（Ⅲ　讃岐守・大宰大貳）

六年正月。叙従四位下。公曰。年既老矣。盍修功徳為冥路之資。伝聞。讃岐国多倫紙及能書者。当赴彼国書写修多羅阿毗曇等諸蔵。二月出為讃岐守。此国庶民皆学法律。執論各異。邑里疆畔、動成諍訟。自公入境。人々相譲。如虞芮之有恥心焉。秩満帰京。隠居西山別墅。無復出仕之志。仁和三年二月。任伊予守。辞不赴職。八月。除為太宰大貳。十二月。叙従四位上。公頻称病不肯就職。朝廷屢加慰喩。強以発遣。公在鎮府。専以清静而施化。故吏民感服。政化大行。元是姦猾之輩。猥聚鎮西境内。其筑前筑後肥前三国。尤為群盗之藪沢。郷閭騒擾。道隔絶。人民有蓄積者。皆被殺略。行旅有資儲者。無有令治。前年府官及国司。発兵捕殺。凶党弥熾。不能禁止。公初莅領。衆人皆云。宜多発軍士悉加鉏誅。公曰。吾聞。此盗渠帥。率非編戸之民。皆是流浪之輩也。或良家子弟逐衣食之利。或旧吏僕従取婚姻之便。寓居辺城。猶如桑梓。而比年不稔。生産失利。無頼之輩。同悪相済。争尋干戈。赴為賊徒之。国之民大半為盗。今悉捕而殺之。則里落之内。閴而無人。縦令有隣家之警。誰人城戍乎。此輩不必懐凶狡之心。多是為飢寒被逼迫而已。若施以恩賑。自応食椹改音。即以其俸米。遍賑贍三国。深加慰撫。各存生業。於是盗徒大悦。相語云。府君以父母之情遇我。我豈不尽孝子之志乎。相率帰他。莫不守劔之夫。寛平三年四月。辟為左大弁。公被召入京之後。未歴数月。大宰府奏云。有新〔途中闕文〕

（Ⅳ　最期と逸話）

天性廉潔以身化物。僚下有貪穢者。推誠教訓。若遂不悛者。不与之接言語。見其有一善。則悦動顔色。常称誉推挙。賛成其美。又択士採才。有知人之鑒。昔在備中時。小野葛絃。年少為掾。公称曰。若必当為天下循良之吏。又在讃岐時。菅原朝臣代公為守。公竊語云。新太守当今碩儒。非吾所測知也。但見其内志。誠是危殆之士也。後皆如其語。凡厥犇鑒。皆多此類也。公年漸五十。不近婦人。唯帰心内典。尤熟空観。常談誦金剛般若経。未嘗退倦。即撰集此経諸家義疏以為一部。究討其義。莫不該通。公清節沖虚。心無廻□。蓋是練般若空無相之故也。公未寝疾時。忽語云。死期□何可終身於塵労之中乎。於□営一室於叡山東坂。翌日夙興促駕。起投山廬。落髪入道。昼夜念仏。其後数月。俄随逝水。啓体之日。身無病痛。属纊之時。心不顚倒。唯向西方。念阿弥陀仏而已。□時賢驚公知天命。僧徒感公得善報。余初為起居郎。依元慶注記。見東征之謀略。為備中介。聞故老風謡。詳西州之政績。粗述所知。成此実余。但世称公徳美。老人之談不容口。然而転語浮詞。不敢論著。恐有□飾之疑。損相公之美也。昔者司馬遷著晏子伝。遥羨報鞭。蔡伯諧作郭泰碑。遂無慙徳。故叙此景行貞立志。延喜七年季春一日。文章博士善清行記之。

（続群書類従・伝部／日本思想大系『古代政治社会思想』）

【訓読】

Ⅰ　備中・備前の国司

1　〔闕文〕旱にて田畝尽く荒れたり。百姓飢饉して、□□相望めり。群盗公行し、邑里空虚し。（備中国）英賀・哲多の両郡は、山谷の間にありて、府を去ること稍遠し。郡の中の百姓は、或は劫掠して相殺され、或は租を逋れて逃散す。境の内の丘墟には、単の丁もあることなし。前守朝野貞吉は苛酷をもて治めたりき。郡司小さき罪あれば皆鉗鈦を着け、人民纖毫を犯せば捕へ案へて殺しつ。囚徒は獄に満ち、仆れし骸は路を塞ぎぬ。

2　公（藤原保則）任に到りし初め、施すに仁政をもてし、その小過を宥して、その大体を存せり。徒隷を放散して、遍く賑貸を加へ、農桑を勧督めて、遊費を禁め止めつ。ここに百姓襁負して来り附くこと帰るがごとし。田園尽くに闢け、戸口殷盛なり。門は夜の扃せず、邑は吠ゆる狗なし。府蔵多く蓄へ、賦税倍入りぬ。遂に租税の返抄を受くること三十四箇年、調庸の返抄を受くること十一箇年なり。古より以来、いまだ嘗ってこの類あらず。

3　（貞観）十三年（八七〇）従五位上に叙し、備前介に遷り、十六年（八七三）権守に転ず。公、備前にありて、徳化仁政は、もはら備中にありし時のごとし。凡そその僚下のひとに、もし姧賊の者あれば、曾ってその咎を発明するところなかりき。竊かに間処において相語りて云はく、君は久しく学官に疲れ、初めてこの官を得たり。必ずしもその廉節を立てて、栄誉を勉め取るべし。あに一州の小吏に滞らむことを思ふべけむや。然れども、上は父母の供養を資け、下は妻子の飢寒に給す。性を撓め心を屈して、この濁穢を受けつ。これ皆貧窶の憂ひ善人を羈し累ふるなり。僕薄き俸あり。冀くは君の所用に随ひて、以て資給せむ。官物を犯すことなかれといへり。その俸を分ち賜ふに、多少を限らざりき。ここに恥格の化は、風の草を靡くがごとし。吏民畏れ愛し、号けて父母と曰ひつ。

4　備前・備中両の国の界の上に、吉備津彦神おはします。もし国に水旱あるときは、公、祈禱しつれば、必ず感応を致して、影響に速かなり。もし境の中に姧しき者あるときは、立に冥罰を降したまふ。嘗てこの神形見れ、公に語りたまひて云はく、公の徳化に感じ、深くもて欣服せり。冀くは公を助けて治を為し、この善績を終へしめむとまうしたまへり。これによりて両の国を治め化し、前後の年歳頻りに豊かに穣ひて、百姓和ぎ楽しめり。

5　時に安芸国の偸児、険を遮りて、備後国の調が絹四十疋を劫し盗みつ。逃げ走りて草に入り、道に備前国石梨郡の旅舎に宿りつ。盗、主人の翁に語りて云はく、この国の太守の化跡は何にか似たまへるといふ。主の翁語りて云はく、府君民を化するに、専らに仁義を用ゐたまひしかば、一国の人尽く伯夷と為りぬ。恩信の感、自ら神明に通ず。故に国に奸濫の者あれば、吉備津彦神 立《たちどころ》に誅罸を降したまふといへり。具さにその治化の本末を語るに及びて、皆実のことのごとし。盗の顔色大に変じて、恥ぢ畏るるところあるに似たり。終夜歎息し、展転とふしまろびて寝ねず。暁に向けて府の門に馳せ詣り、叩頭し自首して云はく、小心無状にして、備後国の官の絹四十疋を略奪せり。過を改めて罪に服せむ。願くは生命を賜らむとまうす。公、盗を召して語りて云はく、汝は善に向ふことを知りつ。遂に悪人に非ずといへり。即ち米糧を賜ひつ。贓の絹を封じ、盗に付して備後国に移せり。僚下のひと皆云はく、これ奸盗の人なり。恐らくはかの国に達らざらむといふ。公云はく、この人すでに心を改めて誠に帰せり。あに更にその志を変ふることあらむやといひて、聴かざりき。ここに盗、移文を得て、備後国に送らしめつ。時に備後守小野喬木、且つは恠み且つは悦びて、盗人を放ち遣りつ。自ら備前に詣りて、庭の中に拝謝せり。凡そその徳化の、人神を感服せしむること、皆この類なり。

6　十七年（八七四）の秋解けて帰京す。両備の民、悲しび号きて路を遮りつ。里老村媼の頭に白髪を戴けるは、各々酒肴を捧げて、道の辺に拝伏せり。公謂はく、老いたる人の心は違失すべからずといへり。これがために留連すること数日、相次ぎて競ひ到りて遏止むべからず。公以為《おも》へらく、もし常にかくのごとくば、必ずしも日月を引かむとおもへり。よりて竊かに小さき船を艤して、棹を軽くし纜を解きつ。

時に従者と相期するに、到らざる者あり。よりて暫く和気郡の方上津に泊りつ。ここに備前の郡司等、公の糧の儲なくして船を艤したることを聞きて、白き米二百石を、泊の処に岸奉進す。公謝して云はく、甘棠の遺愛なくして、故人の厚き贈を忝くす。然りといへども、篤志深密なれば、何でか嘉納せざらむやといへり。受けて辞するところなし。郡司等初めに思へらく、公の性廉に過ぎたり。必ずしもこの贈を受けざらむとおもへり。この報を聞くに及びて、大いに悦びて帰り去りぬ。頃之ありて、公、国の講師に書を遺りて云はく、この泊に次《やど》りたるときより、舟の中頻りに怪異あり。風浪測りがたくして、憂ひの念誠に深し。望むらくは僧徒を率ゐて、津の頭に来り会し、相共に海行の穏かならむことを祈念せよといへり。ここに講読師、国分の僧等を率ゐて、泊の処に馳せ詣りつ。公語りて云はく、願くは諸ヽの僧各々般若心経一遍を読誦せよ。功徳足らむといへり。諸の僧旨を承りて、心経を読み畢んぬ。この米二百石をもて、悉くに誦経の布施に充てつ。夜の中に飛帆し、出で去りて顧みざりき。

Ⅱ　右中弁兼出羽守

7　（貞観）十八年（八七五）正月、右衛門権佐に任じ、検非違使を兼ねたり。公、親しきところに語りて云はく、昔は帝堯の民は、皆比屋して封ずべし。時に皐陶大賢をもて獄の官と為す。もし疑はしき罪あるときには獬豸をして決めしむ。あに枉濫の罰あらむや。また用ゐしところは象刑なり。惨毒の科なかりき。あに怨酷の人あらむや。然れども、論ずる者以為へらく、英六の封継がざりしは、これ皐陶が治獄の咎なりとおもへり。いはむや今は末代澆薄にして、人多く阿る。誅罰の間、動もすれば両造を失へり。たとひ惻隠の情あるとも、必ずしも子孫の□と成らむといへり。再三辞譲して、職に就かざりき。幾もなくして民部大輔に遷る。民部省の例は、商布をもて貴び、諸の国の米を貸して、以て官人の厨の用に充つ。名は交易と為せども、実はこれ箕斂なり。諸国の百姓これがために愁へ苦しめり。公、職にあること一年、遂に一飯だにもなかりき。

8　元慶元年（八七七）、任ぜられて右中弁にあり。二年（八七八）二月、出羽国の蝦夷反乱し、秋田城を攻む。城司の介良岑近は、城守ること能はず、身を脱れて草莽の間に伏し竄れぬ。賊火を放ちて城を焼く。軍資器械は一時に蕩尽せり。逆徒、蟻のごとくに聚り、兵を分ちて諸の城戍を囲む。国守藤原興世は府の城を弃てて逃げ走りつ。時に太政大臣昭宣公（藤原基経）は摂政なり。乃ち陸奥国に勅して、兵三千人を発し、出羽国を赴き援けしめつ。ここに陸奥守大いに国の中に発すべく、精騎千人・歩兵二千人を得たり。その鎧甲糧儲を送りたる者は、万人になんなんとす。大掾藤原梶長をもて押領使と為して、出羽の軍とともに賊虜を討撃たしめつ。出羽掾藤原宗行・文室有房・小野春泉等も、また国の中の歩騎二千余人を発して、相共に秋田河の辺に屯しぬ。時に賊徒千余人、軽き舸に乗り、流れに随ひて俄かに至る。梶長ら兵を率ゐて対ひ戦へり。天時に大いに霧ふりて、四面昏暗し。ここに賊衆数百人、兵を持ちて欻に官軍の後に至り、同声に大いに叫び、奔りて官軍を突く。官軍大いに駭き、狼狽して散じ走りぬ。賊徒、勢に乗じて、前より後より奮ひて撃てり。官軍、大いに潰えぬ。遂に出羽国の弩師神服真雄及び両国の偏裨数十人を斬る。軍の士の殺され虜にせらるるもの数百千人なり。軍実甲冑は、悉くに鹵獲せられぬ。道に相蹈み藉かれて、死する者勝《あ》げて数ふべからず、文室有房は創を被りて殆ど死なむとす。小野春泉は死せる人の中に潜れ伏して、纔に害を免るることを得たり。藤原梶長は深く草の間に竄れて、五日も食せず、賊去りし後、歩より逃れて陸奥国に至りつ。

9　五月二日、両国の飛駅、忽ち至りぬ。ここに昭宣公（藤原基経）大いに驚きて、公（藤原保則）と事を謀りたまふ。語りて云はく、東方の将を長者に累はさむといふ。公、辞謝して云はく、身旧文吏にして、いまだ嘗つてより馬に跨り弓を引くことを知らず。あへて微しき駆を愛惜するに非ず、朝廷の恥と成らむことを恐るるのみとまうす。昭宣公曰く、天智天皇の時より、藤氏代々勲績を立てて、朝の倚頼するところなり。方に今身は伊周に非ねども、忝くも冢宰を摂れり。この寇乱に遭ひて、内に慙ぢ外に

□。瓜葛の義、君もまた悉すべし。願くは智謀を尽せ。飾譲を為すことなかれ、といふ。公曰く、必ず已むことを得ずして、愚計を用ゐるべくんば、冀くは肝胆を露して、隠すところあることなけむ。恐らくは殿下、能く用ゐること得ざらむとまうす。昭宣公云はく、専らに安く付かむことを意ひて、遂に他の腸なし、といふ。

公曰く、蝦夷内付してより以来、二百年に漸らむとす。朝威を畏り服して、寇逆あることなし。聞くがごとく、秋田城司良岑近は、聚め斂むるに厭ふことなく、徼り求むるに万端なり。故に怨みを畳ね怒りを積りて叛逆を致せり。夷の種は衆多くして、遞ひに相合従す。賊徒数万、窮寇死戦せば、一もて百に当りて、与に鋒を争ひがたし。如今のことは、坂将軍（坂上田村麻呂）の再び生まるといへども、蕩定すること能はじ。もし教ふるに義方をもつてし、示すに威信をもつてして、我が徳音を播し、彼の野心を変ぜば、尺兵を用ゐずして、大寇自らに平かならむ、とまうす。昭宣公曰く、善しといへり。公また曰く、今まさに恩信をもて夷狄を化服すべし。もし群の醜しきものの中に、なほ馴れ服せざる者あれば、必ず兵の威をもて臨むべし。前右近衛将監小野春風は、累代の将家にして、驍勇人に超えたり。前の年頻りに譏謗に遭ひ、官を免たれて家居せり。願くは先づ春風をして精衆を率ゐしめ、示すに朝廷の威信をもてせむ。然る後に、徳をもて招致せば、数月を歴ずして、自らに銷え散ずべし、とまうせり。

昭宣公、大いに悦びて、それの月の四日、公を叙して正五位下と為し、もて右中弁に出羽権守を兼ぬ。春風を擢でて鎮守将軍従五位下と為し、陸奥介従五位下坂上好蔭とともに公の節度を受けたり。公、詔を奉じてより以後、数日にして進発し、昼夜兼行す。行跡の間、飛駅途に継げり。賊虜強く盛んにして、官軍頻りに敗れ、城或は守を失ひて群隊陷没せし状を奏せり。時に従ひし騎十余人、皆魂を褫はれ気を奪はれずといふことなし。公、容色変ぜず、曾って畏れ憚かる意なし。すでにして出羽国に至る。春風・好蔭に命じて、各々陸奥国の精騎五百人を将て、直ちに虜の境に入り、その酋豪を召して、宣ぶるに国家の威信をもつてせり。

11 これより先、賊王師の来り討たむことを聞きて、衆万余人を率ゐて、険隘しきところを遮り守りつ。(小野)春風、少くして辺塞に遊び、能く夷の語を暁れり。甲冑を脱ぎ弓竿を弃てて、独り虜の軍に入り、具さに朝の命を宣ぶること、皆公の意のごとし。ここに夷虜、叩頭拝謝して云はく、異時秋田城司、貪慾暴獷にして、谿壑塡みがたし。もし毫毛もその求めに協はざるときは、楚毒立に施しぬ。故に苛政に堪へずして、遂に叛逆を作せり。今将軍、幸ひに天子の恩命をもて詔げたまふ。願くは迷ひし途を改めて幕府帰命せむとまうす。ここに競ひて酒食をもて官軍を饋へ饗せり。その豪長数十人、相率ゐて春風に随ひ、出羽の国府に至りぬ。公、召し見えて慰撫せり。賊もまた尽くに先に虜略せしところの生口及び軍器を返し献りつ。時に渠帥二人あり、帰付することを肯んぜず。公、諸ゝの豪長に語りて云はく、二の虜来らず。汝の心に如何ぞといふ。豪長ら倶に陳べて云はく、殊に謀あるによりて、願くは暫く寛仮を垂れたまへ、とまうせり。後数日にして、遂に両の夷の首を斬りてもて献りつ。公、使者を発して、佃の余の種を撫へたり。津軽より渡嶋に至るまで、雑種の夷人の、前代いまだ曾つて帰付せざりし者、皆尽くに内属せり。ここに公また秋田城を立てつ。凡その塁柵楼塹は、皆旧制に倍せり。

12 三年(八七九)、権守を改めて正守と為る。右中弁故のごとし。勅あり、暫く留りて鎮撫せよと。この国は、民夷雑居して、田地膏腴に、土産の出づるところ、珍貨多端なり。豪吏幷せ兼ぬること、紀極あることなく、私に租税を増して、恣に徭賦を加へつ。また権門の子の年来善き馬、良き鷹を求むる者、猥しく聚ること雲のごとし。辺民愚朴にして、告訴するを知ることなく、ただその求めに随ひて、煩費を言はず。これによりて隴畝の民、皆貧窮なるがごとし。奸猾の輩多く富溢を致せり。

公、施すに朝典をもてし、百姓を教へ示して、厳しく憲法を張り、侵犯さしむることなし。もし更に不法なる者あれば、捕へて案じつ。これによりて百姓安堵し、夷の道は清平なり。時に陸奥国の夷狄訴訟あれば、皆出羽国に到りて決を取れり。公、初め両備にありしとき、専ら仁恵を以て化せり。出羽を治むるに及びて、更に威厳を以て理めつ。吏民に罪あれば、宥すところあることなし。論に当る者は、その深浅を測ること能はず。

13 四年（八八〇）四月、官符によりて京に入りつ。時に朝にありし卿相、皆公の勲績を賀す。公、辞謝して云はく、これ皆朝威の致せしところにして、愚略の施せしところあるに非ず、とまうせり。この時、天下のひと皆以為へらく、公一卒を労せずして、大寇を平定せり。朝廷必ずしも高爵に疏ひその殊勲に答ふべしとおもへり。しかれども、偏へに公の辞譲を用ゐて、遂に優崇の制なし。また良岑近は、貪叨贓穢にして、この寇乱を致せり。しかるに、また懲悪の典なし。これによりて衆議、多く昭宣公の賞罰の柄を失ひたるを譏れり。公、性静黙を楽しみて、劇務を好まず。屢ゝ昭宣公に対ひて、弁官を固辞せり。七月、播磨守に任ず。辞して任に赴かず。

Ⅲ 讃岐守・大宰大弐

14 （元慶）六年（八八二）正月、従四位下に叙す。公曰く、年既に老いたり。盍《なん》ぞ功徳を修して冥路の資と為さざらむ。伝へ聞く、讃岐国は倫紙と能書者と多し。かの国に赴きて修多羅・阿毗曇らの諸ゝの蔵を書写すべしといへり。二月出でて讃岐守と為る。この国の庶民は、皆法律を学びて、論を執ること各々異りぬ。邑里畔を疆りて、動もすれば諍訟を成せり。公、境に入りてより、人々相譲ること、虞芮の恥心あるがごとし。秩満にして帰京せり。西山の別墅に隠居して、また出仕の志なし。

15 仁和三年（八八七）二月、伊予守に任ず。辞して職に赴かず。八月、除されて大宰大弐と為り、十二月従四位上に叙す。公、頻りに病を称して、職に就くを肯んぜず、朝廷、屢ゝ慰喩を加へて、強いて発遣せり。公、鎮府にありて、専ら清静を以て化を施しつ。故に吏民感服し、政化大いに行はれぬ。元よりこれ姦猾の輩、猥りに鎮西の境の内に聚りつ。それ筑前・筑後・肥前の三の国は、尤も群盗の藪沢なり。郷閭騒擾にして、道路隔絶せり。人民蓄積あれば、皆殺略せらる。行旅資儲あれば、令治あることなし。前年の府官と国司とは、兵を発して捕へ殺したりき。凶党弥ゝ熾んにして、禁止すること能はず。公初めて領に莅みしとき、衆人皆云はく、多く軍士を発して悉くに鉏誅加ふべし、とまうす。公曰く、吾聞く、この盗の渠帥は、率ね編戸の民に非ず、皆これ流浪の輩なり。或は良家の子弟が衣食の利に逐はれ、或は旧吏の僕従が婚姻の便を取る。辺城に寓居すること、なほ桑梓のごとし。しかるに、比年稔らず、生産利を失へり。無頼の輩、同悪相済ひ、争ひて干戈を尋ゐ、赴りて賊徒と為りぬ。国の民は大半盗と為りぬ。今悉くに捕へて殺すときは、里落の内、闃として人なからむ。たとひ隣家の警あるとも、誰人が城戍ならむ。この輩、必ずしも凶狡の心を懐きしにあらず、多くはこれ飢寒のために逼迫られしのみ。もし施すに恩賑をもてせば、自ら応に椹を食ひて音を改むべし、といへり。その俸米をもて、遍く三国に賑贍し、深く慰撫を加へて、各々生業を存せしめつ。ここに盗の徒大いに悦びて相語りて云はく、府君父母の情をもて我を遇みたまふ。我あに孝子の志を尽さざらむ、とまうす。相率ゐて帰化し、守劔の夫（土）たらざるものなし。

16 寛平三年（八九一）四月、辟《め》されて左大弁と為る。公、召されて京に入りし後、数月を歴ずして、大宰府上奏して云はく、新□あり。〔途中闕文〕

Ⅳ 最期と逸話

17 天性廉潔にして、身をもて物を化せり。僚下に貪穢の者あらむに、誠を推して教訓へつ。もし遂に悛めざらむ者は、これと言語を接へざりき。その一善だにあるを見たらば、顔色を悦び動かせ、常に称誉推挙して、その美を賛成せり。また士を択び才を採りて、人を知るの鑒あり。

　昔備中にありし時、小野葛絃年少くして掾と為りき。公称めて曰く、君必ずしも天下循良の吏たるべしといへり。また讃岐にありし時、菅原朝臣(道真)公に代りて守と為りき。公、竊かに語りて云はく、新太守は当今の碩儒にして、吾の測り知るところに非ず。ただし、その内の志を見れば、誠にこれ危殆の士なりといへり。後に皆その語のごとくありけり。凡そその牪鑒は、皆多くこの類なりき。

18 公、年漸く五十にして、婦人に近づかず。ただ心を内典に帰して。尤も空観に熟せり。常に金剛般若経を読誦して、いまだ嘗つて退き倦まざりき。この経の諸家の義疏を撰び集め、以て一部を為し、その義を究め討ねて、該通せずといふことなし。公、清節沖虚にして、心に廻□することなし。蓋し、それ般若の空無相を練りしが故なり。

19 公、疾に寝ねざりし時、忽に語りて云はく、死期は□に非ず。何ぞ身を塵労の□中に終はらん、といへり。□に一室を叡山の東坂に営みぬ。翌日、夙に興きて駕を促し、山の廬に赴き投りて、落髪入道し、昼夜念仏せり。その後数月にして、俄かに逝水に随ひき。啓体の日、身病痛なく、属纊の時、心顚倒せず。ただ西方に向ひて、阿弥陀仏を念ずるのみ。□時、賢公の天命を知りたることに驚き、僧徒、公の善報を得むことを感じたり。

20 余（三善清行）初めて起居郎（外記）たりしとき、元慶注記によりて、東征の謀略を見たりき。備中介たりしとき、故老の風謡を聞きて、西州の政績を詳かにせり。粗ゝ知れるところを述べて、この実録を成しぬ。ただし、世の公の徳美を称むるに、老人の談は口を容れず。然れども、転語浮詞は、あへて論著せざりき。恐らくは□飾の疑ひありて、相公の美を損ぜむ。昔は司馬遷、晏子の伝を著して、遥かに鞭を執らむことを羨ひ、蔡伯諧、郭泰の碑を作りて、遂に徳に慙づることなかりき。故にこの草を叙して、貞を行ひ志を立つ。

延喜七年（九〇七）季春一日　　文章博士善清行記す。

III

随想

「三善清行、天象を見て菅公に書を奉る図」

（原本 『扶桑皇統記図会』）

⑫　詰眼文

【本文】

詰眼文

善居逸〔吏部員外侍郎清行也〕

延喜十三年冬。余年六十七。心未耄乱。眼已昬矇。雖文有所屬。而筆不能書。遂作詰眼文。抽叙其志。云爾。

有心神詰眼神云。夫心者身之王也。眼者心之佐也。王事靡盬。佐職宜勤。而卿踈慵多睡。闇蔽無光。如膏燈之隔紗。似塵埃之点鏡。年未艾服。不能見小字之書。齢未杖郷。殆無弁大陽之耀。豈卿之惰嬾。厭此公勤乎。将孤之愚庸。不足輔弼乎。孤雖嚚頑。嘗窺典籍。伊尹求致君於堯舜。陶唐楽得臣於夔龍。蕭相蹔辞。漢皇失手臂之便。孔明尽節。蜀主成魚水之功。大猶有此。小亦宜然。矧乎。孤齢及貳膳。卿老迫懸車。昔与卿同胞而生育。今与卿合体而行蔵。相共周旋。漸六十余歳。同欲帰老。近二三許年。義雖君臣。恩猶兄弟。誠宜競余日而尽精。何更矯衰暮而曠職。夫以孤之所業者文也。文之所資者眼也。非文何達。非眼孰憑。然則令孤懐積薪之歎者。豈非卿之不明乎。令孤含転蓬之悲者。皆是卿之不忠也。所詰如此。其説焉在。於是眼神聴命。涙下数行。即頓首謝云。吁何君言之過也。昔者君始弱冠。深相約励。語臣云。吾有志研精。亦思干禄。願仮汝耀用汝明。深究縑緗之幽。終期青雲之上。孔子云。耕也飢在其中。学也禄在其中。古語云。明経取青紫。如俯拾地芥。斯言吾所服膺也。汝其従我乎。臣随其綢繆。執其勤役。既忘窺園。無見流麥。度三冬而不暫休。終十舎以未仮寐。対燭照帙。忘煙炎之熏眸。堆雪読書。忍冰凍之凝睫。内積飢険。則精気自銷。外犯寒飆。則光明易謝。然而臣猶守其久要。歓其労来。自謂暫労永逸。先屈後伸。若身致富貴。則翫好之観自臻。若肝得歓娯。則矇瞽之患必愈。而君性懐敦龐。志乖功宦。進不能趍卿相之館。衒其才名。退不能媚奥竈之人。求其推薦。徒居白屋之中。守素王之余業。嘗以簞瓢之食。翫糟粕之遺文。而今君既朽邁。臣亦困窮。空廃南畝之勤。永流北門之詠。楊子雲之玄草。遂招客嘲。杜伯山之古文。不合時務。於是觸物発感。見楽為哀。庾楼夜月。君翫之而添愁。矧薄暮之悲風乎。河陽春華。臣観之而増歎。矧窮秋之落葉乎。憂火常熱。則君之方寸成灰。悲泣雙流。則臣之両瞳永溺。君之図身拙焉。臣之随謬愚矣。猶亦強荒耄之性。希四科之相兼。責矇昧之明。求五行之雙照。縦令能為而無益。況乎雖企而不及者乎。亦夫輔佐非一。司存区分。官頒其用。務適其才。而今自臨君老。莫不尸居。手振而不能持。足痿而不能歩。耳聾而不能聴。歯蠹而不能飡。庶尹皆不堪其任。何独臣一人之咎乎。君其念之。於是心神惝怳失度。逡巡思過。謝云。爾為之将如何。眼神進曰。当今之謀。無若辞六芸之囿。入三帰之門。君能澄情。浄如来之国土。臣常合瞼。観実智之光輝。孰与夫生前懐惑。遂蹉跎於劫塵之間。老後失明。重匍匐於長夜之裏哉。語未終。心神起拝。唱言曰。敬承箴誨。請以書紳。

（新訂増補国史大系『本朝文粋』巻十二・文）

【訓読】

眼を詰《なじ》る文

善居逸〔吏部員外侍郎清行なり〕

延喜十三年（九一三）の冬、余年六十七。心いまだ耄乱せざるに、眼已に昏曚なり。文、属する所有りといへども、しかも筆書くこと能はず。遂に眼を詰る文を作り、その志を抽で叙ぶと爾《しか》云ふ。

心の神有り、眼の神を詰りて云く、それ心は身の王なり、眼は心の佐なり。王事盬《あら》きことなし、佐職よろしく勤むべし。しかるに、卿疎慵にして睡多く、闇蔽にして光なし。膏燈の紗を隔てたるが如く、塵埃の鏡に点ずるに似たり。年いまだ艾服《がいふく》（五十歳）ならざるに、小字の書を見ること能はず。齢いまだ郷に杖かざるに、殆ど太陽の耀を弁ふることなし。あに卿の惰嬾にして、この公勤を厭ふや、はた孤の愚庸にして、輔弼するに足らざるか。孤嚚《ぎん》頑なりといへども、嘗て典籍を窺ふに、伊尹は君を堯・舜に致さんことを求め、陶唐は臣を夔《き》龍に得んことを楽しむ。蕭相蹔く辞して、漢皇は手臂の便を失ひ、（諸葛）孔明は節を尽くして、蜀主魚水の功を成せり。大もなほこれ有り、小もまたよろしく然るべし。いはんや孤は齢貳膳に及べり、卿は老いて懸車（七十歳）に迫れり。昔卿と同胞にして生育し、今卿と合体にして行蔵す。相共に周旋して漸く六十余歳、同じく帰老せんとし、近づくこと二三許年なり。義は君臣なりといへども、思はなほ兄弟のごとし。誠によろしく余日を競ひて精を尽すべし、何ぞさらに衰暮に矯けて職を曠しくするや。それ以《おもんみ》れば、孤の業とする所は文なり、文の資とする所は眼なり。文に非ざれば何ぞ達せん、眼に非ざれば孰れをか憑まん。然れば則ち、孤をして積薪の歎きを懐かしむるは、あに卿の不明に非ずや、孤をして転蓬の悲しみを含ましむるは、皆これ卿の不忠なり。詰る所かくの如し。それ説くところ焉《ここ》にか在るといふ。

ここに、眼の神、命を聴き、涙下ること数行。即ち頓首して謝して云く、ああ何ぞ君が言の過てるや。昔は、君始め弱冠にして、深く相約励して、臣に語りて云く、吾研精に志有り。また禄を干《もと》めんことを思ふ。願はくは汝が耀を仮り、汝が明を用ゐ、深く縑緗の幽《かす》かなるを究め、終《つい》に青雲の上を期せん。孔子云く、耕して飢その中に在り、学びて禄その中に在りといふ。古語に云く、経に明らかなるときは青紫を取ること、俯して地芥を拾ふが如しといふ。この言、吾が服膺する所なり。汝それ我に従はんや、といへり。臣その綢繆に随ひて、その勤役を執れり。既に園を窺ふことを忘れ、麥を流すを見ることなし。三冬を度《わた》りて暫くも休せず、十舎を終へていまだ仮寐せず。燭に対《むか》ひて帙を照らし、煙炎の眸を熏ぶるを忘れ、雪を堆《たか》くして書を読み、冰凍の睫に凝るを忍ぶ。内には飢険を積みて、則ち精気自づから銷え、外には寒飆を犯して、則ち光明謝し易し。然れども、臣なほその久要を守り、その労来を歓ぶ。自ら謂へらく、暫く労して永く逸く、先に屈して後に伸びんとおもふ。もし身富貴に致らば、則ち翫好の覩自づから臻《いた》り、もし肝歓娯を得ば、則ち矇瞽の患必ず愈えん。しかるに、君性敦厖を懐き、志功宦に乖けり。進みては卿相の館に趍りて、その才名を衒ふこと能はず、退きては奥竈の人に媚びて、その推薦を求むること能はず。徒らに白屋の中に居て、素王の余業を守り、嘗て簞瓢の食を以て、糟粕の遺文を翫ぶ。しかるに今、君既に朽邁し、臣もまた困窮せり。空しく南畝の勤を廃てて、永く北門の詠を流す。楊子雲が玄草、遂に客の嘲りを招き、杜伯山が古文、時務に合はず。ここに物に觸れて感に発し、楽しみを見て哀しみを為す。庾楼の夜の月、君これを翫びて愁を添ふ。いはんや薄暮の悲風をや。河陽の春の華、臣これを観て歎きを増す。いはんや窮秋の落葉をや。憂火常に熱し、則ち君が方寸灰に成りぬ。悲泣雙び流れ、則ち臣が両瞳永く溺れたり。君の身を図ること拙し、臣が謬に随ふこと愚なり。なほまた荒耄の性を強ひて、四科の相兼ぬるを希ひ、矇昧の明を責めて、五行の雙び照らかならんことを求む。たとひ能く為すとも益なけん。いはんや企つといへども及ばざるものをや。またそれ、輔佐一に非ず、司存区に分かれたり。官その用を頒ち、務めその才に適へり。しかるを今、君が老に臨みしより、尸居せずといふことなし。手振るひて持つこと能はず、足痿えて歩むこと能はず、耳聾ひて聴くこと能はず、歯齲みて湌ふこと能はず。庶尹皆その任に堪へず、何ぞ独り臣一人の咎ならんや。君それことを念へといふ。

ここに、心の神、惝怳として度を失ひ、逡巡して過を思ひ、謝して云く、爾《しか》り。これを為さんこと、まさに如何せんといふ。眼の神、進みて曰く、今の謀りに当つては、六藝の圃を辞し、三帰の門に入るに若《し》くはなけん。君能く情を澄まし、如来の国土に浄くせよ。臣常に瞼を合はせ、実智の光輝観ぜん。孰かその生前に惑ひを懐きて、遂に劫塵の間に蹉跎し、老後に明を失ひて、重ねて長夜の裏に匍匐せん。語いまだ終らざるに、心の神起ちて拝唱し、言ひて曰く、敬みて箴誨を承く。請ふ以て紳に書さんといふ。

⑬ 善家秘記

【本文】

㋐巫覡見鬼有徴験記〈善家異記〉

先君。貞観二年出為淡路守。至于四年。忽疾病危篤。時有一老嫗。自阿波国来云。能見鬼知人死生。時先妣引嫗侍病。嫗云。有裸鬼持椎。向府君臥処。於是丈夫一人怒追却此鬼。如此一日一夜五六度。此丈夫即似府君氏神。須能祈氏神。於是先考如言祈禱氏神。嫗亦云。丈夫追裸鬼。令過阿波鳴渡既畢。是日先考平復安和。其後六年春正月又疾病。即亦招嫗侍病。嫗云。前年所見丈夫。又於府君枕上悲泣云。此人運命已尽。無復生理。悲哉。垂水古社。当成丘藪。其後数日。先考遂卒。

寛平五年。余出為備中介。到数十日。疫病大発。人民死没者。顚仆道路。館中亦有此染注。舎弟清風男児小字長者及門人源敦等。数日之内相次殞没。時有一優婆塞。自小田郡来。自云。能見鬼。即招喚坐左右。於是優婆塞云。有一鬼持椎。打府君侍児之首。時帯刀源教為児童。在余臥内。今指名者此童也。須臾此児熱。頭痛毒悩尤甚。又大驚。高声云。有二鬼奪奉侍人菅野清高之首。清高大懼狼狽起座走出。未出数十歩。卒然倒仆。疾病号呼。其後七箇日。優婆塞云。前日鬼着菅清高者。今日出去。一人云。可往大和国葛城郡。一人云。可行京下。是日清高平愈如常。又云。鬼着源児者。得祭之後。歓喜無極。即赴賀夜郡大領賀陽豊仲之家。是日源児病愈。積二日。豊仲家疫癘大発。此事雖迂誕。

自所視。聊以記之。恐後代以余為鬼之董狐焉。清高後仕為式部大録延喜中以「久」次叙外従五位下。出為安房守。

（新訂増補国史大系『政事要略』巻七十・糺弾雑事）

【訓読】

㋐巫現鬼を見て徴験有るの記〈善家異記〉

(1) 先君（三善氏吉）、貞観二年（八六〇）出でて淡路守と為る。四年（八六二）に至り、忽ち疾病して危篤たり。時に一老嫗の阿波国より来たる有りて云ふ。能く鬼を見て人の死生を知る、と。時に先妣、嫗を引きて病に侍らせしむ。嫗云ふ。裸鬼の椎を持ちたるが、府君の臥処に向かふ有り、と。是に於て丈夫一人、怒りて此の鬼を追却す。此くの如きこと、一日一夜五六度あり。此の丈夫、即ち府君の氏神に似たれば、須く能く氏神に祈るべし、と。是に於て先考の言の如く氏神に祈禱す。嫗亦た云ふ。丈夫、裸鬼を追ひ、阿波鳴渡を過らしめ、既に畢はりぬ、と。是の日、先考平復し安和す。

其の後六年（八六四）春正月亦た疾病す。即ち亦た嫗を招き病に侍らしむ。嫗云ふ。前年見るところの丈夫、又た府君の枕上に於て悲泣して云ふ。此の人の運命已に尽く。復た生くる理無し。悲しきかな。垂水の古社、まさに丘の藪と成るべし、と。其の後数日して、先考遂に卒せり。

(2) 寛平五年（八九三）、余出でて備中介と為る。到りてのち数十日、疫病大いに発す。人民の死没する者、道路に顚仆し、館中亦た此の染注有り。舎弟（三善）清風の男児、小字長者、及び門人源敦等、数日の内相次いで殞没す。時に一優婆塞の小田郡より来たる有り。自ら云はく、能く鬼を見る、と。即ち招喚して左右に坐せしむ。是に於て優婆塞云はく、一鬼の椎を持ちて、府君の侍児の首を打つ有り、と。時に帯刀源教児童たりて余の臥内に在り。今名を指すは此の童なり。須臾にして此の児熱あり、頭痛して毒悩すること尤も甚だし。又た大いに驚きて、高声して云ふ。二鬼の奉侍人菅野清高の首を奪ふ有り、と。清高、大いに懼れ狼狽し座を起ちて走り出づ。未だ数十歩を出でざるに、卒然として倒仆る。疾病して号呼す。其の後七箇日して、優婆塞云ふ、前日の鬼の菅清高に着くる者は、今日出で去る。一人云ふ。大和国葛城郡に往くべし、と。一人云ふ。京下に行くべし、と。是の日清高平、愈り常の如し。又た云ふ。鬼の源児に着くる者は、祭を得る後、歓喜すること極むること無し。即ち賀夜郡大領賀陽豊仲の家に赴く、と。是の日、源児病愈ゆ。二日を積みて、豊仲の家、疫癘大いに発す。

此の事、迂誕と雖も、自ら視る所なり。聊か以て之を記す。恐らくは後代、余を鬼の董狐と為さむ。(菅野)清高、後に仕へて式部大録と為り、延喜中に以て「久」しくして次いで外従五位下に叙せられ、出でて安房守と為　る。

【本文】

㋑善家秘記云。余寛平五年。出為備中介。時有賀夜郡人賀陽良藤者。頗有貨殖。以銭為備前少目。至于寛平八年。秩罷。居住本郷葦守。其妻淫奔入京。良藤鰥居於一室。忽覚心神狂乱。独居執筆。諷吟和歌。如有挑女通書之状。或時有与女児通慇懃之辞。然而不見其形。如此数十日。一朝俄失良藤所在。挙家尋求。遂無相遇。良藤兄大領豊仲。弟統領豊蔭。吉備津彦神宮祢宜豊恒。及良藤男左兵衛志忠貞等。皆豪富之人也。皆謂良藤狂悖自捨其身。悲哽懊悩。求其屍所在。然猶無遇。倶発願云。若得良藤死骸。当造十一面観世音菩薩像。即伐栢樹。与良藤形躰。長短相等。向之頂礼誓願。如此十三日。良藤自其宅蔵下出来。顔色憔悴。如病黄癉者。又其蔵无柱。唯石上居桁。々下去地纔四五寸。

曾不可容身。而良藤心情醒寤。話云。鰥居日久。心中常念与女通接。於是。女児一人以書着菊華来云。公主有愛念主人之情。故奉書通慇懃。即開書読之。艶詞佳美。心情揺蕩。如此往反数度。書中有和歌。遞唱和。彼遂以餝車迎之。騎馬先導者四人。行数十里許。至一宮門。老大夫一人迎門云。僕此公主家令也。公主令僕引丈人。於是。従家令入門屏間。其殿屋帷帳。綺餝甚美。須臾薦饌。珍味尽備。日暮即入燕寝。終成懐好。意愛纏密。雖死無悋。昼則同筵。夜則併枕。比翼連理。猶如疎隔。遂生一男児。々聡悟。状貌美麗。朝夕抱持。未嘗離膝下。常念改長男忠貞為庶子。以此児為嫡子。此為其母之貴也。居三个年。忽有優婆塞。持杖直昇公主殿上。侍人男女皆尽逃散。公主又隠不見。優婆塞以杖突我背。令出狹隘之間。顧而視之。此我家蔵桁下也。於是家中大小大怪。即毀蔵而視之。狐数十散走入山。蔵下猶有良藤坐臥之処。良藤居蔵下。纔十三个日也。而今謂三年。又蔵桁下纔四五寸。而今良藤知高門縮形出入其中。又以蔵下令如大殿帷帳。皆霊狐之妖惑也。又優婆塞者。此観音之変身也。大悲之力脱此邪娀而已。其後良藤無恙十余年。々六十一死。〔已上。〕

（新訂増補国史大系『扶桑略記』第二十二・寛平八年九月二十二日条）

【訓読】

㋑

⑶ 善家秘記に云ふ。余、寛平五年（八九四）、出でて備中介と為る。時に賀夜郡の人賀陽良藤といふ者有り。頗る貨殖有り。銭を以て備前少目と為る。寛平八年（八九七）に至り、秩罷て、本郷葦守に居住

す。其の妻淫にして奔りて京に入る。良藤一室に於いて鰥居し、忽ち心神に狂乱を覚ゆ。独居して筆を執り、和歌を諷吟するは、女に挑みて書を通ずるの状有るが如し。或る時、女児と慇懃を通ずるの辞有り。然れども、其の形見えず。此くの如くすること数十日、一朝俄かに良藤の所在を失ふ。家を挙げて尋ね求むるも、遂に相遇ふことなし。良藤の兄は大領（賀陽）豊仲、弟は統領（賀陽）豊蔭、吉備津彦神宮祢宜（賀陽）豊恒、及び良藤の男左兵衛志（賀陽）忠貞等は、皆豪富の人なり。皆良藤狂悖して自ら其の身を捨つと謂ふ。悲哽懊悩し、其の屍の所在を求む。然れども、猶遇ふこと無し。倶に発願して云ふ。若し良藤の死骸を得れば、当に十一面観世音菩薩像を造るべし、と。即ち栢樹を伐ること、良藤の形躰と長短相等し。之に向かひて頂礼誓願す。此くの如くして十三日、良藤、其の宅の蔵の下より出で来たり。顔色憔悴し、黄癉を病む者の如し。又た其の蔵は柱无く、唯石の上に桁居るのみ。桁下は地を去ること纔かに四五寸のみ。曾て身を容るべからず。

而して良藤心情醒寤し、話して云ふ。鰥居して日久し。心中常に女と通接せんと念ふ。是に於て、女児一人の書を以て菊華を着けたるが来たりて云ふ。公主、主人を愛念するの情有り。故に書を奉り慇懃を通ぜん、と。即ち書を開きて之を読む。艶詞佳美にして、心情揺蕩す。此くのごとくして往反すること数度。書中に和歌有り。遞ひに唱和す。彼遂に餝車を以て之を迎ふ。騎馬先導する者四人、行くこと数十里許り、一宮門に至る。老大夫の一人、門に迎へて云ふ。僕は此れ公主の家令なり。公主、僕をして丈人を引かしむ、と。是に於て、家令に従ひて門屏の間に入る。其の殿屋の帷帳、綺飾甚だ美し。須臾にして饌を薦めらる。珍味尽く備はる。日暮れて即ち燕寝に入り、終に懐好を成す。意愛纏密なり。死すると雖も恡むことなし。昼は則ち筵を同じくし、夜は則ち枕を併ぶるは、比翼連理も、猶ほ疎隔あるがごとし。遂に一男児を生む。児聡悟にして、状貌美麗なり。朝夕に抱き持ち、未だ嘗て膝下を離れず。常に長男忠貞を改めて庶子と為し、此児を以て嫡子と為さんと念ふ。此れ其母の貴きが為なり。

居ること三个年にして、忽ち優婆塞有り。杖を持ちて直ちに公主の殿上に昇る。侍人の男女、皆尽く逃散す。公主、又た隠れて見えず。優婆塞、杖を以て我が背を突き、狹隘の間より出さしむ。顧みて之を視るに、此れ我が家の蔵の桁下なり、と。是に於て家中の大小大いに怪しみ、即ち蔵を毀ちて之を視れば、狐の数十、散り走りて山に入る。蔵下には猶ほ良藤の坐臥の処有り。良藤、蔵下に居ること纔かに十三个日なり。而れども今三年謂ふ。又た蔵の桁下、纔かに四五寸のみ。而れども今良藤、高門を縮形して其の中に出入りし、又た蔵下を以て大殿帷帳のごとからしむるは、皆、霊狐の妖惑なるを知る。又た優婆塞は、此観音の変身なり。大悲の力、此邪娍を脱せしむるのみ。其の後良藤、恙無きこと十余年。年六十一にて死す。〔已上。〕

【本文】

㋒善家秘記言。清和太上天皇奉賀太皇太后藤原明子知命之筭。設讌楽献慶賀。太上皇匍匐太后之前。再拝献千万齢之寿。時太后悦忽。无有人心。而鬼在太后之傍。宛如夫婦之好。杯觴飯宴之間。与太后戯相娯。太上天皇見之。太悪厭世。

（新訂増補国史大系『扶桑略記』第二十・元慶二年九月二十五日条）

【訓読】

㋒

(4) 善家秘記に言ふ。清和太上天皇、太皇太后藤原明子の知命の筭を賀し奉り、讌楽を設け慶賀を献ず。太上皇太后の前に匍匐し、再拝して千万齢の寿を献ず。時に太后悦忽とし、人心有ること无し。而して鬼太后の傍に在り、宛も夫婦の好の如し。杯觴飯宴の間、太后と戯れ相娯しむ。太上天皇、之を見て、太だ悪み世に厭ふ。

【本文】

㋓弓削是雄式占有徴験事〈善家異記〉

内竪伴宿祢世継。貞観六年。為穀倉院交易使。帰来之次。宿近江国介藤原有蔭館。時有蔭招陰陽師弓削是雄。令祭属星。与世継同宿館中。其夜世継頻有悪夢。令是雄占夢吉凶。是雄転式。大駭曰。君若帰家。即日当為鬼殺戮。慎勿入家。可免此殃。世継辞家。在旅度歴二年。頋念妻子。促駕入洛。俄聞此占。中心歎慨。更亦問云。我必可帰家。而今有此占。若有防護之方乎。是雄亦転式。語云。君家寝室艮隅有殺君之鬼。君須帯刀劔持弓矢直入寝室。引弓矯矢瞋目。向艮方語云。汝若不出。我当射殺汝身。若能如此。当脱此厄。於是世継到家。周旋毎事如是雄之語。時有一沙門。手持匕首出。長跪再拝。自首云。某无状。与君婦通淫。近日聞君来。将待其寝寐。欲行其殺害。而今君先覚。将射殺某身。是以帰誠自首。世継立逐其妻。捕其沙門。就獄拷掠。即録状上聞。天下皆云。是雄占験。管郭之輩也。

寛平四年秋八月。有勅。遍試諸宗通経者。度其及第為僧。時余為勅使。於八省院試之。僧綱幷諸宗智徳五六人為証師。異問鋒起。无人該通。是時是雄為陰陽頭。附一沙弥送書云。此沙弥才学雖乏。常住北山。昼夜念仏。亦与是雄深有師檀之契。而今齢及六十。未得僧位。望得勅使恩私。将預及第之例。余旧与是雄有交執之情。由是試於家庭令読法花経一品。而此沙弥不知句逗。況其義理乎。於是具報此沙弥不知読経之状。自後五六日。是雄亦送書云。不望此師及第望足矣。余乃許諾。至明日試時。諸証師等。依例連座。余乃以此沙弥死第二試人。沙弥採条品畢将読経間。天子有勅。召証師等。給八月廿六日光孝天皇国忌斎飯。証師等応召参内裏。以此試一向委余。无復詰問之人。余乃念是雄占験神異。枉許沙弥之及第。

爰有知。能練道者。死中求生。凶中得吉。万不失一者也。是雄占験。大底皆此類也。

（新訂増補国史大系『政事要略』巻九十五・至要雑事）

【訓読】

(え)弓削是雄に徴験有る事〈善家異記〉

(5) 内竪伴宿祢世継、貞観六年（八六四）、穀倉院の交易使と為る。帰来の次に、近江国介藤原有蔭の館に宿る。時に有蔭、陰陽師弓削是雄を招き、属星を祭らしむ。世継と館の中に同じく宿る。其の夜、世継頻りに悪夢有り。是雄をして夢の吉凶を占はしむ。是雄、式を転じ、大いに駭きて曰く、君若し家に帰れば、即日当に鬼の為に殺戮せらるべし。慎みて家に入ること勿れば、此の殃を免るべし、と。世継は家を辞し、旅に在りて二年を度歴す。妻子を顧念し、駕を促して洛に入らんとするも、俄かに此の占を聞き、中心歎慨す。更に亦た問ひて云ふ、我必ず家に帰るべし。而れども今此の占有り、若し防護の方は有るや、と。是雄、亦た式を転じ、語りて云ふ。君が家の寝室の艮の隅に君を殺す鬼有り。君須く刀劔を帯び弓矢を持ちて直ちに寝室に入りて、弓を引き矢を矯め目を瞋らせ、艮の方を向きて語りて云ふべし。汝若し出でずんば、我まさに汝の身を射殺すべし、と。若し能く此くの如くんば、当に此の厄を脱すべし、と。

是に於て世継家に到り、周旋事毎に是雄の語の如くにす。時に一沙門の、手に匕首を持って出でたる有り。長跪し再拝し、自ら首して云ふ。某は状无くして、君の婦と淫を通ず。近日君の来たらんとするを聞きて、将に其の寝寐にて待ち、其の殺害を行はんと欲す。而れども今君に先覚有りて、将に某の身を射殺さんとす。是に以て帰誠し自ら首すなり、と。世継、立ちて其の妻を逐ひ、其の沙門を捕らふ。獄に就きて拷掠し、即ち状を録して上聞す。天下皆云ふ。是雄の占験は、管・郭の輩なり、と。

⑹ 寛平四年（八九二）秋八月。勅有り。遍く諸宗の経に通ずる者を試し、其の及第せるを度して僧と為す、と。時に余勅使為り。八省院に於て之を試す。僧綱幷びに諸宗の智徳五六人証師と為る。異問鋒起し、人の該通する无し。この時（弓削）是雄は陰陽頭為り。一沙弥に附して書を送りて云ふ。此の沙弥、才学乏しと雖も、常に北山に住みて、昼夜念仏す。亦た是雄と深く師檀の契り有り。而して今齢六十に及ぶも、未だ僧位を得ず。望むらくは、勅使の恩私を得て、将に及第の例に預けんとす、と。余、旧きより是雄と交執の情有り。是に由りて試しに家庭に於て法花経一品を読ましむ。而れども、此の沙弥句逗を知らず。況や其の義理においてをや。是に於て具さに此の沙弥の読経を知らざるの状を報ず。よりて後五六日、是雄亦た書を送りて云ふ。此の師の及第するを望まず。望み足る、と。余乃ち許諾す。明日、試す時至る。諸証師等、例に依りて座を連ぬ。余乃ち此の沙弥を以て第二試人に宛つ。沙弥条品を採り畢はり、将に読経せんとする間、天子（宇多天皇）より勅有りて、証師等を召す。八月二十六日光孝天皇の国忌にて斎飯を給ふ。証師等、召に応じ内裏に参ず。此の試を以て一向余に委ぬ。復た詰問する人無し。余乃ち是雄の占験神異を念ひ、枉げて沙弥の及第を許す。

爰に知る有り。能く道を練る者、死中に生を求め、凶中に吉を得。万に一を失はざる者なり。是雄の占験、大底皆此の類なり。

【本文】

㋔服薬駐老験記〈善家異記〉

竹田千継者。山城国愛宕郡人也。宝亀初。歳十七入典薬為医生。読本草経。至于枸杞駐老延齢之文。深以誦憶。将試其徴験。乃買地二段。多種此薬。春夏服其葉。秋冬食其根。又常煮莖根。取汁醸酒。而飲之。毎有沐浴。必用其水。如此七十余年。未嘗懈倦。顔色強壮。猶如少年。斉衡二年。文徳天皇忽患疲羸衆医供石決明酒。時侍臣或奏千継服枸杞駐老之状。天皇大駭。即時召見。問云。汝生年幾許。千継奏云。天平宝字九年歳次庚子生。至今年九十七。天皇大恠。令侍臣験視其形。鬢髪黒。肌膚肥沢。耳目聡明。歯牙无蠧。天皇感服。擢為典薬允供。即勅薬園。多種枸杞。令千継掌事。千継頗知文書。兼堪幹事。毎至召問。皆協帝念。時左馬寮官人有罪左降。即以千継兼左馬寮允。兼直蔵人所。千継朝夕奔劇。不遑服餌。未歴二年。頭髪尽白。皺面傴腰。歩武之間。扶杖纔行。遂以殞死。時年百一歳。余幼少聞先君語此事。後聞文徳天皇近臣修理大夫藤相公所語。亦同。仍記之。

寛平年中。有外従五位下春海貞吉。旧是唐儛師也。次為雅楽助。遂預五品。屢到余舎。展話中懐。底裏披露。無有所隠。時余年四十有五。白髪満頭。貞吉深有助憂之色。語曰。何不服枸杞招此衰羸。余答云。枸杞駐老之験。具在医方。然而丘未達。不敢嘗之。乞略陳其方。貞吉答云。僕昔者年廿六。大同元年。以由基所風俗儛労。為左近衛。其後依医人語。播植枸杞。方一町之地。無有他種。水漿食飲必合此薬。盥洗沐浴常用其水。故今年一百十六歳。猶有少容。亦説其養生之法。事多不載。貞吉。寛平九年夏。訪問親知疫病。遭染注俄卒。時年百十九。又致仕大納言藤原冬緒。服露蜂房。兼呑槐子。年過八十頭髪無白。不断房室。寛平二年薨。時年八十四。近代有宮内卿十世王。二品長野親王之男也。臨老無歯。不能啖蔬菜。唯以漿飲。送乾石決明屑。気色強壮鬢髪無白。延喜十六年夏薨。時年八十五。東宮学士大蔵善行。旧是国子進士也。仕歴顕職。爵至四品。常服鐘乳丸。一日一丸。年満九十。猶有壮容。耳目聡明。行歩軽健。家蓄多婦。不断房室。年八十七。生一男児。延喜十七年。以漢書授皇太子。毎朝侍講。無有休仮。天下無不歎異。皆謂之地仙焉。〔為知医薬術之載之。〕

（新訂増補国史大系『政事要略』巻九十五・至要雑事）

【訓読】

㊀薬を服し老を駐むる験あるの記〈善家異記〉

(7) 竹田千継は、山城国愛宕郡の人なり。宝亀の初め、歳十七にして典薬に入りて医生と為る。本草経を読み、枸杞の老を駐め齢を延ばするの文に至り、深く以て誦憶し、将に其の徴験を試みんとす。乃ち地二段を買ひ、多く此の薬を種ゑ、春夏其の葉を服し、秋冬其の根を食らふ。又た常に茎根を煮、汁を取りて酒を醸し、之を飲む。沐浴有る毎に、必ず其の水を用ゐる。此くの如くして七十余年、未だ嘗て懈倦せず。顔色強壮にして、猶ほ少年の如し。

斉衡二年（八五五）、文徳天皇忽ち疲羸を患ひ、衆医石決明の酒を供ふ。時の侍臣の或ひと、千継の枸杞を服して老を駐むるの状を奏するに、天皇大いに駭ろき、即時に召見す。問ひて云はく、汝の生年幾許りか、と。千継奏じて云ふ。天平宝字九年（七六五）歳次は庚子の生まる。今に至るに年九十七なり、と。天皇大いに恠しむ。侍臣をして其の形を験視せしむるに、鬢髪黒く、肌膚肥沢し、耳目聡明にして、歯牙に蠹无し。天皇感服し、擢きて典薬の允と為して供へしむ。即ち薬園に勅し、多く枸杞を種ゑ、千継をして事を掌どらしむ。

千継、頗る文書を知り、兼ねて事を幹するに堪ふ。召問に至る毎に、皆帝の念ひに協ふ。時に左馬寮の官人、罪有りて左降せらる。即ち千継を以て左馬寮の允を兼ねしめ、兼ねて蔵人所に直せしむ。千継、朝夕奔劇し、餌を服する遑あらず。未だ二年を歴ざるに、頭髪尽く白く、皺面傴腰なり。歩武の間も、杖を扶きて纔かに行くのみ。遂に以て殞死す。時に年百一歳なり。

余、幼少に先君の此の事を語るを聞く。後に文徳天皇の近臣の修理大夫藤相公語る所を聞くに、亦た同じ。仍りて之を記す。

(8) 寛平年中、外従五位下の春海貞吉なるもの有り。旧くは是れ唐儛師なり。次いで雅楽助と為り、遂に五品（位）を預る。屢ゝ余の舎に到り、中懐を展話し、底裏を披露し、隠す所有ること無し。時に余年四十有五、白髪頭に満つ。貞吉、深く助憂の色有り、語りて曰く、何ぞ枸杞を服さざりて、此の衰羸を招かんや、と。余答へて云ふ。枸杞に老を駐むるの験あるは、具さに医方に在り。然れども丘未だ達せず。敢へて之を嘗みず。其の方を略陳することを乞ふ、と。貞吉答へて云ふ。僕は昔年二十六、大同元年（八〇六）、由基所の風俗儛の労を以て、左近衛と為り、其の後、医人の語に依りて、枸杞を播植す。方一町の地に、他種有ること無し。水漿食飲、必ず此の薬を合はす。盥洗沐浴も常に其の水を用ゐる。故に今年一百十六歳なるも、猶ほ少き容有り、と。亦た其の養生の法を説くも、事多くして載せず。貞吉、寛平九年（八九七）夏、親知の疫病するを訪問し、染注に遭ひて俄かに卒す。時に年百十九なり。

(9) 又た致仕大納言の藤原冬緒、露蜂房を服し、兼ねて槐子を呑む。年八十を過ぐるも、頭髪の白きこと無く、房室を断たず。寛平二年（八九〇）に薨る。時に年八十四なり。

⑽　近代、宮内卿十世王有り。二品長野親王の男なり。老に臨んで歯無く、蔬菜を啖らふ能はず。唯漿を以て飲む。乾石決明屑を送るに、気色強壮にして鬢髪の白きこと無し。延喜十六年（九一六）夏に薨る。時に年八十五なり。

⑾　東宮学士大蔵善行は、旧くは是れ国子の進士なり。仕へて顕職を歴し、爵は四品に至る。常に鍾乳丸を服すること、一日一丸なり。年九十に満ちて、猶壮容有り。耳目聡明にして、行歩軽健なり。家に多く婦を蓄へ、房室を断たず。年八十七にして、一男児を生む。延喜十七年（九一七）、漢書を以て皇太子に授け、毎朝侍講するに、休仮の有ること無し。天下歎異せざる無し。皆これ地仙なりと謂ふ。

【本文】

㋕山埼橋依十一面観音感応亘事

此橋天平年中行基菩薩所造也。修造纔畢。於橋大設□会。是日洪水俄至。橋亦壊流。人庶溺死者不可勝数。□□累代修造末数年常致○壊。承和九年朝庭多［重亦修造。歴年九箇年。至十五年□□成、无幾［年亦流〔失〕、无遺一木。其後至今七箇年、行旅以舟往〔還〕。□是或小艇競渡。多載牛馬。或風急浪怒。梢工未慣。如□覆。溺死者動数千百人。於是。先君忽全。我依此橋梁。立其陰徳。深思遠慮无所不至。遇摂津国武庫山高僧延寿。問其方略。延寿者智兼備。修行亦高。幹事之名。著聞当時。又旧。与先君契為檀主。故有此間。於是。寿答云。如聞。此橋行基菩薩弘願所逮也。然則。自非仏力。不能成功。況公利物之志尤切。尽忠之誠既露。若能致篤信。必有感応。貧道所住之山。有一沙弥。能修十一面観音法。凡厥所念願。立致感験。須招彼沙弥命之祈禱。先君大悦。乃自向彼寺請帰。沙弥即於橋北西願寺北〔山小〕道場〔今〔号宝山寺〕〕造等身十一面観音像。一夏之○供養香花。沙弥精誠懇切。昼夜於念。或三四箇〔日〕不薦斎飯。唯以水嗽口而已。至七□上旬。有□所将領国中真勝者。〔走〕来言云。有一老翁□□我能造〔此〕橋。〔汝須〕諮造橋長宮〔　〕先君倒〔前而老□然則居□笑○〔　〕〔着〕幽冥造之由□云。吾当為使君成之。僅可経一年。於是〔給排批昼〔適〕□悉事〔无〕大小莫不用。瞻翁。容顔憔悴□髪皓白。冬夏常着布衣袴。性不飲酒。又〔不〕念腥膻。唯愛念年少女子。其所昵延者五六箇〔日〕□乃謝遣。□所得資俸。皆与此女无有遺。而更迎他女資給如前。翁居処空。不畜僕従。一枕一莚之外。无他什物。或問年幾許。又何郡県姓名。翁答云。不知。翁長不満五尺而気力強健。行歩捷迅。躋登高峻。超梁絶険。○〈乃至。〉未踰一年。橋梁已成。時左弁藤原氏宗為覆勘使。巡検此橋。○将召見加賞賜。而此翁中夜逃去。不知所住。時人皆恠。謂之観音之化身也。

（後藤昭雄氏『本朝漢詩文資料論』所収『佚名諸菩薩感応抄』）

【訓読】

⑿　㋕**山埼の橋、十一面観音の感応に依りて亘さるる事**　（〔　〕内　原文欠）

此の橋は、天平年中、行基菩薩の造る所なり。修造纔かに畢りて、橋に於いて大いに□会を設く。是の日、洪水俄かに至りて、橋亦た壊流す。人庶の溺死する者、勝《あ》げて数ふべからず。〔　〕累代修造の末、数年にして常に○壊に致る。承和九年（八四二）、朝庭(廷)に〔　〕多し。重ねて亦た修造す。年を歴ること九箇年、十五年（八四八）に至りて［　］成るも、幾くもなくして、［　］年亦た流失し、一木を遺すことなし。其の後、今に至るまで七箇年、行旅舟を以て往還す。□是、或は小艇にて競渡し、多く牛馬を載す。或は風急に浪怒りて、梢工未慣。如し□覆せば、溺死する者、動数千百人なり。是に於いて、先君（三善氏吉）忽ち念じて、我　此の橋梁に依りて、其の陰徳を立てんとす。深思遠慮至らざる所なし。摂津国武庫山の高僧延寿に偶ひて、其の方略を問ふ。延寿は智を兼ね備へ、修行亦た高し。事を幹すの名、当時に著聞せり。又旧く先君と契して檀主と為る。故に此の問有り。是に於いて、寿答へて云はく、聞く如くんば、此の橋は行基菩薩の弘願の逮ぶ所なり、と。然れば、仏力に非ざるんば、功成すこと能はざらん。況んや公の利、物の志、尤も切にして、忠を尽くさんといふ誠、既に露る。若し能く篤信を致さば、必ず感応有らん。貧道住む所の山に、一沙弥有り、能く十一面観音法を修す。凡そ厥の念願する所、立に感験を致す。

先君、大いに悦び、乃ち自ら彼の寺に向かひて請ひ帰せしむ。沙弥、即ち橋の北の西願寺の北〔山の小〕道場に於いて〔今〔宝山寺〕と〔号〕す〕等身の十一面観音像を造る。一夏の○　香花を供養す。沙弥　精誠懇切にして、昼夜祈念し、或は三四箇〔日〕斎飯を薦めず、唯だ水を以て口を嗽ぐのみ。

七□上旬に至りて□所将領国中真勝なる者有り。〔走〕り来りて言ひて云はく、一老翁有り□□我能く〔此〕の橋を造らん。〔汝須〕らく橋を造ることを長官に諮るべし、と。先君　前に倒るるも老［　］。然るに則ち居りて□笑ふ○〔着〕之を造るの由［　］云ふ。吾当に使君の為に之を成すべく僅かに一年を経るべし、と。是に於て□排批を給ひ昼〔適〕□悉く事大小と無く用ゐざるは莫し。

翁を瞻るに、容顔憔悴し□、髪　皓く匂ふ。冬夏常に布衣の袴を着る。性、酒を飲まず、又た腥膻を念はず、唯だ年少の女子を愛念す。其の昵近する所の者は五六箇〔日〕□乃ち謝遣せしむ。□得る所の資俸、皆此の女に与へ遺り有ることなし。而して更に他女を迎へ資給すること、前の如し。翁の居処は空しく、僕従を畜へず。一枕一莚の外、他の什物无し。或るひと、年の幾許なるか、又た何れの郡県姓名なるかを問ふに、翁答へて云はく、知らず、と。翁の長五尺に満たざるも、気力は強健にして、行歩は捷迅なり。高峻に躋登し、絶険を超梁す。〇乃至。未だ一年を踰えざるに、橋梁已に成る。時に左弁藤原氏宗、覆勘使と為りて、此の橋を巡検す。〇将に召見して賞賜を加へんとするに、此の翁、中夜に逃げ去り、住む所を知らず。時人皆恠しみて、此を観音の化身なりと謂ふなり。

【本文】

㋖**祈念十一面観音読耶馬台**［

弘仁年中〔摂〕［　　］山有一沙［頂未〔嘗〕［　　］念［梁之代至［国使其文［宝
志［乗白馬過［　　］枚而以朱［韻又［　　］論義理今此沙弥［世守師葉亦帰
依十一面観音者也

（後藤昭雄氏『本朝漢詩文資料論』所収『佚名諸菩薩感応抄』）

【訓読】

㋖**十一面観音に祈念し耶馬台［　　］を読む**

⒀ 弘仁年中〔摂〕［　　］□□山に一沙［　　］有り。頂未だ〔嘗て〕［　　］□念ず［　　］梁の代［　　］に至りて［　　］国使其文［　　］宝志〔和〕［　　□□　　］白馬に乗りて［　　］を過ぐ［　　］枚、而して朱を以て［　　］韻又［□　□］義理を〔論ず。〕今此の沙弥［□　　］世師葉を守り亦た十一面観音に帰依するなり。

Ⅳ 詩文

大学寮で催す釈奠の宴座
（原図『釈奠之図』）

⑭ 詩序三篇

【本文】

(イ)仲春釈奠聴講論語有如明珠〈幷序〉

貞観十九年仲春上丁。流苻之礼即畢。凾丈之儀初開。即会鴻生講述論語。所以伝儒風教冑子也。説曰。前代学者。多以此書喩之明珠。取円通也。嘗試論之曰。珠之為器。宝之至重。或刻赤蚌之腹。或探驪龍之頷。内質虚融。外輝潔朗。径纔過寸。照乗之光相分。円不盈拳。燭堂之明自遠。故聖教之不可測。強名而比此物。其理該通。其旨奇妙。出自海口之談。伝於洙流之側。巻舒則照璨於掌上。執持則玲瓏於懐中。探楚沢而難得。没商丘而未逢。学之者智明。如洞穴之無暗。蔵之者心潤。類河岸之不枯。立□喩義。良有以哉。若乃五経広大。同巨鏡之溢匣。諸子雑砕。比屑玉之盈車。所鑒最微。為宝甚賎。未足与之論其光明。平其価直者也。于時王公以下。会聚徳経者。便属篇章。嗟詠此理。云爾。

(群書類従『扶桑集』巻九・詩文 論語)

【訓読】

(イ)仲春釈奠《せきてん》に論語を講ずるに明珠の如き有るを聴く〈幷びに序〉

貞観十九年仲春上丁、流苻の礼即ち畢りて、凾丈の儀初めて開く。即ち鴻生を会して論語を講述せしむ。

儒風を伝へ冑子に教ふる所以なり。説に曰く、前代の学者、多く此の書を以て之を明珠に喩ふ。円通するを取ればなり。嘗て試みに之を論じて曰く、珠の器たるや、宝の至重なり。或は赤蚌の腹に刻し、或は驪龍の頷《おとがひ》を探る。内質は虚融なるも、外輝は潔朗たり。径は纔《わづ》かに寸を過ぐるも、照乗の光相分《あきら》けく、円なること拳に盈たざるも、燭堂の明自づから遠し。故に聖教の測るべからざること、強いて名づけて此の物に比す。其の理該通し、其の旨奇妙なり。海口の談より出で、洙流の側に伝ふ。巻舒すれば則ち掌の上に照燦し、執持すれば則ち懐の中に玲瓏たり。楚沢を探れども得難く、商丘に没すれども未だ逢はず。之を学ぶ者の智明らかなること、洞穴の暗きなきが如く、之を蔵する者の心潤へること、河岸の枯れざるに類す。□を立て義に喩すも、良《まこと》に以《ゆへ》有るかな。乃ち五経の広大なるが若きは、巨鏡の匣に溢るるに同じく、諸子の雑砕なること、屑玉の車に盈つるに比す。鑑みるところ最も微にして、宝たること甚だ賤し。未だ之と其の光明を論じ、其の価値を平《ひと》しくするに足らざる者なり。時に王公以下の徳、経《つね》にして会聚する者、便ち篇章を属し、此の理を嗟詠す、と爾《しか》云ふ。

【本文】

(ロ)元慶三年孟冬八日大極殿成命宴詩序一首　善相公

元慶初。天子勅右丞相。修復大極前殿。備明堂也。丞相峻宇望高。崇梁材大。即運伊周之宏図。更命班爾之妙匠。於是百工経始。庶民子来。堂室輪奐之美。観闕壮麗之奇。意雖勿亟。不日成之。三年冬十月八日。乃置杯觴。使頒筆札。群公尽来。肆夏間奏。顧命詞人云。昔者王延寿動藻於霊光。韋仲将含毫於景福。今日壮観。試綴新章。承此清命。望彼重軒。体象紫極。製踰玄都。飛甍排雲。璧璫之与夜月相映。斜戸啓漢。金釭之与暁星雙点。至夫殊形詭製。外照内融。視之眩転。不可具論。清行幸預登閬之遊。遂乏研京之興。詞属謌詩。空慙騏驎之賦。慶余手足。請比鷰雀之賀。謹序。

（新訂増補国史大系『本朝文粋』巻第九・詩序二　居処）

【訓読】

(ロ)元慶三年（八七九）孟冬八日、大極殿成り宴詩を命ぜらる序一首　善相公

元慶の初、天子（陽成天皇）右丞相（藤原基経）に勅し、大極前殿を修復せしむ。明堂に備ふればなり。丞相峻宇望高くして、崇梁材大なり。即ち伊・周の宏図を運らし、更に班爾の妙匠を命ず。是において百工経始し、庶民子のごとく来たる。堂室は輪奐の美ありて、観闕は壮麗の奇あり。意に亟《きはま》ることなしと雖も、日ならずして成れり。三年冬十月八日、乃ち杯觴を置きて、筆札を頒かたしむ。群公尽《ことごと》く来たりて、肆夏間々奏せらる。顧みて詞人に命じて云はく、昔者《むかし》、王延寿は藻を霊光に動かし、韋仲将は毫を景福に含む。今日の壮観、試みに新章に綴れ、と。此の清命を承りて、彼の重軒を望むに、体は紫極に象り、製は玄都を踰ゆ。飛甍雲を排して、璧璫の夜月と相映へ、斜戸漢を啓きて、金釘の暁星と雙つながら点《とも》さる。夫の殊形詭製、外は照し内に融《とほ》るに至りては、之を視れば眩転し、具さに論ずべからず。清行幸ひに登閬の遊に預かるも、遂に研京の興に乏し。詞を謌詩に属し、空しく騏驎の賦に慙づ。慶余の手足あれば、請ふらくは鷰雀の賀に比せんことを。謹みて序す。

【本文】

(ハ)八月十五夜同賦映池秋月明〈幷序可注也〉　善相公

八月十五夜者。秋之仲。月之望也。風驚蕭索。蒼天巻其群翳。雲收蒙朧。碧落晴而踈潤。今夜初更銷暗。団月褰光。清景外徹。照天地於冰壺。浮彩傍散。変都城於玉府。長安十二衢。皆蹈万頃之霜。高宴千万処。各得一家之月。斯乃良夜之美。足愛玩者也。況乎秋水澄徹。夜池平鋪。対絳霄之明月。倒素光而映波。玉鏡沈景。与止水而可鑑。金波凝色。混細浪而難分。于時詩賦之客。筆硯得時。遇幽閑之月夜。取縦容於池亭。周遊忘帰。似行瑤池之曲。風情漸高。疑入銀河之中。所以為佳会也。与夫魏夜徘徊。開西園之敬愛。晋月玲瓏。催北堂之賞玩者。論其風流。足誇在昔也。嗟呼。人之一遇。時不再来。盍命以篇章。述其中情。云爾。

（新訂増補国史大系『本朝文粋』巻第八・詩序一　天象）

【訓読】

(ハ)**八月十五夜、同じく池に映ずる秋月の明らけきを賦す**〈幷びに序。注すべし〉

善相公

八月十五夜は、秋の仲にして、月の望なり。風驚きて蕭索たれば、蒼天其の群翳を巻き、雲収まりて蒙朧たるも、碧落晴れて踈潤なり。今夜の初更暗を銷《け》し、団月光を褰《かか》ぐ。清景外に徹《とお》りて、天地を冰壺に照らし、浮彩傍らに散じて、都城を玉府に変ふ。長安の十二衢、皆万頃の霜を蹈み、高宴の千万処、各々一家の月を得。斯れ乃ち良夜の美の愛玩するに足るものなり。況や秋水澄み徹りて、夜池平らかに鋪《し》けるをや。絳霄の明月に対し、素光を倒して波に映ず。玉鏡景を沈め、止水と与《とも》にして鑑みるべく、金波色を凝らし、細浪と混じて分かち難し。時に詩賦の客、筆硯時を得て、幽閑の月夜に遇ひ、縦容を池亭に取る。周遊して帰るを忘るること、瑶池の曲《くま》を行くに似て、風情漸く高く、銀河の中に入らんかと疑ふ。佳会たる所以なり。夫れ魏夜に徘徊して、西園の敬愛を開くと、晋月の玲瓏として、北堂の賞玩を催すものとは、其の風流を論ずれば在昔に誇るに足れり。嗟呼、人の一たび遇ふや、時再び来たらず。盖《なん》ぞ命ずるに篇章を以てし、其の中情を述べざる、と爾云ふ。

⑮ 祝宴などの詩

【本文】

(1)仲春釈奠聴講論語有如明珠

聖教融通義入幽。更将光耀比随侯。

瑩来不是鯨精変。学得還如象罔求。

誰覓漢浜尋潤岸。唯□璧水記円流。

手中愛翫心中暎。豈類神驚眄暗投。

（群書類従『扶桑集』巻九・詩文 論語）

【訓読】

(1)仲春の釈奠に論語を講ずるに明珠の如き有るを聴く

聖教融通して義幽に入り、更に光耀を将《もつ》て随侯に比す。

瑩《あき》らかに来たれるは是れ鯨精の変ずるにあらず、学び得て還た象罔の求むるが如し。

誰か覓《もと》めん漢浜に潤岸を尋ぬるを、唯だ□す璧水の円流を記すを。

手中の愛翫心中の暎、豈に神驚き眄《ながしめ》の暗《ひそ》かに投ずるに類せんや。

【本文】

(2)洛解纜之次□□□適寄一章廻棹停舟立次来韻

馬鬣孤墳在古原　村翁伝道昔理尊
経霜荒径飛蓬転　欲暮悲風落葉飜
秋棘刺繁人絶蹟　寒松枝老樹生孫
今朝寂寞空帰去　更哭趋庭誨不存

（群書類従『扶桑集』巻七・哀傷　哭児）

【訓読】

⑵**洛に解纜するの次《やどり》にて□□□の適々《たまたま》一章を寄す。棹を廻らし舟を停《とど》め、立ちどころに来韻に次す**

馬鬣の孤墳古原に在り、村翁伝へ道《い》ふ昔尊を理〔埋〕めしところなりと。霜を経《へ》て荒徑に飛蓬転《まろ》び、暮れんと欲して悲風落葉を飜す。秋棘刺《とげ》繁くして人蹟を絶ち、寒松枝老いて樹孫を生ず。今朝寂寞として空しく帰り去り、更に哭す趨庭の誨《おし》へ存せざるを。

【本文】

⑶**陶彭沢**

心是盤桓身隠倫　自忘名字酔郷人
帰来舟過三江月　出入門穿五柳春
園菊開時豊産業　林禽狎処得交親
墅亭客到醅初熟　莫怪悤悤脱葛巾

（群書類従『扶桑集』巻七・隠逸）

【訓読】

⑶**陶彭沢**

心は是れ盤桓にして身は隠倫〔淪〕す、自ら名字を忘る酔郷の人。
帰り来たれる舟は過ぐ三江の月、出入すれば門は穿つ五柳の春。
園菊開きし時産業豊かに、林禽狎れし處交親を得たり。
墅亭に客到りて醅初めて熟す。怪しむ莫れ忽々として葛巾を脱するを。

【本文】

⑷七言。**秋日陪左丞相城南水石亭。祝蔵外史大夫七旬之秋。応教一首。**

文章博士三善宿祢清行上

鳴桐半燼遇知音。七十還悲雪鬢侵。計老自栽松百丈。校高平対嶺千尋。紫芝未変南山想。丹露猶凝北闕心。暮歯豈忘疎伝志。応縻相府篤恩深。

（群書類従『雑言奉和』）

【訓読】

⑷七言。**秋日左丞相（左大臣藤原時平）に陪して城南の水石亭にて、蔵外史（大蔵善行大外記）大夫の七旬の秋を祝ふ。応教一首。**

文章博士三善清行　上《たてまつ》る

鳴桐半ば燼《つ》きて知音に遇ひ、七十にして還《ま》た悲しむ雪鬢の侵せるを。老いを計るに自ら栽う松の百丈あるを、高きを校《くら》ぶるに平《ひと》しく対す嶺の千尋あるを。紫芝未だ変ぜず南山の想ひ、丹露猶ほ凝らす北闕の心。暮歯豈に忘れんや疎傅〔傅〕の志、応に相府の篤恩深きに糜くべし。

【本文】

⑸**霽色明遠空**　善相公

碧落凄清陰靄尽。金商蕭爽暁天高。窓中指点鴻賓塞。雲外占看鶴反皐。排霧樹遥纖似薺。繞郊河遠少於毫。如潭豈有波濤起。導鏡終無払拭労。

（群書類従『類聚句題抄』）

【訓読】

⑸**霽色遠空明るし**　善相公

碧落凄清にして陰靄尽き、金商蕭爽として暁天高し。窓中指点す鴻の塞《とりで》に賓するを、雲外占め看る鶴の皐に反るを。霧を排するの樹は遙かに纖《こま》かきこと薺《なづな》に似、郊を繞るの河は遠きこと毫《けさき》よりも少《ちい》さし。潭の如く豈に波濤の起こること有らんや、導鏡《どうきよう》終に払拭するの労無からん。

【本文】

⑹**残雪伴寒松**

館娃袖上攀余霰。学士帷中聚落英。六出無香聞処怪。千条混色見時驚。

（群書類従『類聚句題抄』）

【訓読】

(6)**残雪寒松を伴ふ**

館娃《かんわ》の袖上に余霞攀《よ》じり、学士の帷中に落英聚る。六たび出づるも香無く処を聞きては怪しみ、千条色を混じて時を見ては驚く。

【本文】

(7)**元日賦宴**

不酔争辞温樹下。建春門外雪埋春。

（群書類従『新撰朗詠集』巻上・春　早春）

【訓読】

(7)**元日の賦宴**

酔はずして争《いか》でか辞せん温樹の下、建春門外雪春を埋む。

【本文】

(8)紅躑躅花飛失艶。白鬚髯容見多愁。

（群書類従『新撰朗詠集』巻上・春　躑躅）

【訓読】

(8)紅き躑躅の花飛びて艶を失ひ、白き鬚髯の容《かんばせ》見《まみ》えて愁ひ多し。

【本文】

⑼納涼

君蓄風情炎処冷。我垂霜鬢夏中秋。

（群書類従『新撰朗詠集』巻上・夏　納涼）

【訓読】

⑼納涼

君は風情を蓄へて炎処に冷《すず》しく、我は霜鬢を垂らす夏中の秋。

【本文】

⑽八月十五日夜映池秋月明

長安十二街。皆踏万頃之霜。高宴千万処。各得一家之月。

（群書類従『新撰朗詠集』巻上・秋　十五夜）

【訓読】

⑽八月十五夜、池に映ずる秋月の明らけし

長安の十二（街）〔衢〕、皆万頃の霜を蹈み、高宴の千万処、各々一家の月を得。

【本文】

⑾観雲知隠

聚散随身非出岫。低昂逐歩豈由風。

（群書類従『新撰朗詠集』巻下・雑　雲）

【訓読】

⑾雲を観て隠るべきを知る

聚散は身に随ひて岫より出づるに非ず、低昂は歩みを逐ひて豈に風に由らんや。

【本文】

⑿猿叫峡

峡裏猿鳴悲又清。況聞薄暮第三声。

（群書類従『新撰朗詠集』巻下・雑　猿）

【訓読】

⑿猿の峡に叫ぶ

峡裏の猿鳴悲しくして又清し、況や薄暮の第三声を聞くをや。

【本文】

⒀釣魚翁

挙帆往反秋風送。転棹東西夜月随。

（群書類従『新撰朗詠集』巻下・雑　水）

【訓読】

⒀釣魚の翁

帆を挙げ往反すれば秋風送り、棹を転じて東西すれば夜月随ふ。

【本文】

(14)身埋胡塞千重雪。眼尽巴山一点雲。

（群書類従『新撰朗詠集』巻下・雑　王昭君）

【訓読】

(14)身は埋む胡塞の千重の雪、眼《まなこ》は尽く巴山の一点の雲。

【本文】

(15)酈県村閭皆潤屋　陶家児子不垂堂〔菊散一叢金。善相公。〕

善相公初作酈県村閭皆富貨云々。心存可有褒誉之由。而菅家只美紀納言廉士路裏句。不被感此詩。宴罷退出時。相公不散鬱結。於建春門見尋菅家。仰云。富貨字恨不作潤屋。相公乃改作云々。

（群書類従　大江匡房『江談抄』第四）

【訓読】

(15)酈県の村閭皆潤屋し、陶家の児子は垂堂せず〔菊、一叢の金を散ず。善相公〕

善相公、初め「酈県の村閭皆富貴」云々と作る。心に存するに褒誉の由有るべければなり。而るに菅家（菅原道真）、只だ紀（長谷雄）納言の「廉士の路裏」の句を美とするのみにて、此の詩に感ぜられず。宴罷はりて退出するの時、相公、鬱結を散ぜずして、建春門において菅家に見え尋ぬ。仰せに云はく、富貴の字恨むらくは潤屋に作らざるを、と。相公、乃ち改め作ると云々。

【本文】

⑯絲額字出元稹集事

予談云。菅家御作者類元稹集之由。先日有仰。其言誠而有験。菅家御草云。低翅沙鷗潮落暁。乱絲野馬草深春。元稹詩。遮天野馬春無暁。拍水沙鷗湿翅低。此両句実以相類焉。予又云。善家柳詩有絲額字。元稹詩云。春柳黄。是亦出自彼集。被答云。両家甚以有興云々。又善家内宴何処春光到詩。柳眼新結絲額出。梅房欲拆玉瑕成。

（群書類従『江談抄』第五・詩事）

【訓読】

⑯絲額（類）の字、元稹の集より出づる事

予（大江匡房）語りて云ふ、菅家（菅原道真）の御作は『元稹集』に類せしの由、先日仰せ有り。其の言誠にして験有り。『菅家御草』に云ふ、翅を低るる沙鷗潮に落つる暁、絲を乱す野馬草深き春、と。元稹詩にいふ、（天を遮る）〔塵を擺へる〕野馬春暖かきことなく、水を拍つ沙鷗翅を湿《うる》ほして低《た》る、と。此の両句実に以て相類せり、と。予又云ふ、善家の「柳」の詩に絲額（類）の字有り。元稹の詩に云ふ、「春柳の黄〔類〕」と。是れ亦た彼の集より出づ、と。答へられて云ふ、両家甚だ以て興有り云々。又善家の「内宴の何れの処にか春光到れる」の詩にいふ、「柳眼新たに結ぼりて絲額（類）出で、梅房拆（坼《さ》）けんと欲して玉瑕成る、と。

⑯ 日本紀講書の竟宴和歌

【本文】

得天国排開広庭欽明天皇二首　従五位位上行文章博士兼備中守三善朝臣清行

保登計須羅　微迦斗加志胡美　斯朗陀弊能　那微迦幾和計伝　宜麻勢流母廼袁
斗都恵阿末理　夜都恵遠胡遊流　多津能胡麻　幾美須佐米然婆　於伊波伝奴弊志

（続群書類従『日本紀竟宴和歌』）

【訓読】

天国排開広《あめくにおしひらきひろにわのすめらみこと》庭欽明天皇二首を得る　五位位上行文章博士兼備中守三善朝臣清行

ほとけ（仏）すら　みかど（帝）かしこ（畏）み　しろたへ（白妙）の　なみ（浪）かきわけ（搔分）
て　き（来）ませるものを
とつゑあまり（十丈余）　やつゑ（八丈）をこゆ（越）る　たつのこま（龍駒）　きみ（君）すさめ（荒）
めねば　をい（老）はて（果）ぬべし

⑰ 朔旦冬至表

【本文】

朔旦冬至表（頭注「善相公作」）

延喜十七年十一月一日朔。公卿表賀云。臣忠平等言。陰陽橐籥。聖人制推策之規。寒暑循環。皇王垂授民之典。故能璧日珠星。盈縮之度有序。銀衡玉管。分至之期無僣。臣忠平等誠歓誠喜。頓首死罪。伏惟皇帝陛下。徳均禔象。功優錫疇。不宰而亭毒万方。無為而調和四序。長寒之谷自温。寧待吹律之気。荒服之郷向化。遥候□于之雲。況復当此朔日之朝。推得冬至之節。階蓂莢其新葉。解竹飛其陽灰。交会有度。再致希代之禎祥。気候合期。頻降上天之顕応。昔者軒皇得之而称神。漢武遇之而動色。見此於今日。蔑彼於曩時。臣等託七尺於聖徳。露方寸於明時。濠梁之中。魚楽自至。厦屋之上。雀賀徒喧。無疆之算。誠恊応於霊符。久視之徴。豈成疑於天眖。不任鳬藻之至。謹拝表奉賀。以聞。臣忠平等。誠歓誠喜。頓首頓首。死罪死罪。謹言。

（新訂増補国史大系『政事要略』巻第二十五・朔旦冬至会事）

【訓読】

朔旦冬至の表（頭注「善相公の作」）

延喜十七年（九一七）十一月一日朔、公卿の賀表に云はく、臣（藤原）忠平等言す。陰陽橐籥して、聖人推策の規を制す。寒暑循環して、皇王授民の典を垂る。故に能く璧日珠星、盈縮の度に序有り。銀衡玉管、分至の期に僣無し。臣忠平等、誠歓誠喜頓首々々死罪々々。

伏して惟ふに、皇帝陛下（醍醐天皇）、徳は禔象を均くし、功は錫疇に優れり。宰せずして万方を亭毒し、無為にして四序を調和す。長寒の谷、自ら温り、寧ろ吹律の気を待つ。荒服の郷、化に向かひ、遥かに干呂の雲に候す。況んや復、此の朔日の朝に当り、推して冬至の節を得たり。階蓂その新葉に萠し、解竹其の陽灰を飛ばす。交会に度有り、再び希代の禎祥を致す。気候期に合ひ、頻りに上天の顕応を降す。昔は軒皇これを得て神と称す。漢の武これを遇して色を動かす。此れを今日に見て、彼を曩時に蔑む。臣等、七尺を聖徳に託し、方寸の明時を露す。濠梁の中、魚楽自ら至れり。厦屋の上、雀賀徒らに喧し。無疆の算、誠に霊符に協応す。久視の徴、豈《あに》疑ひを天眖に成さん。kyō藻の至りに任せず。謹みて拝表奉賀し以て聞く。臣忠平等、誠歓誠喜、頓首々々。死罪々々。謹みて言す。

Ⅴ　参　考

恒寂入道法親王（恒貞親王）尊像
（原本 京都・大覚寺所蔵）

㋑ 阿衡勘文

【本文】

(a) **勘申阿衡事**

晋書。詔曰。丞相録尚書事。会稽王昱。明徳劭命。阿衡三世。広相案。三世謂穆帝時。昱録尚書事。専摠万機。次哀帝時。進位司徒。統内外衆務。次海西帝時。進位丞相。録尚書事。加入朝不趍。賛拝名等礼。又河間王顒上表曰。成都王穎。明徳茂親。功高勲重。宜為宰輔代斉王冏阿衡之任。於是進穎位大将軍都督中外諸軍事。仮節録尚書事。執朝政。无巨細皆就諮也。拠件等文。三公摂万機者。謂之阿衡。広相偏見其成文。著於詔草。而経家勘云。阿衡准周三公。可无典職者。是極所不安也。何者伊尹為殷三公。殊号阿衡。構冡宰兼卿士。无所不統職務。而引周三公。称无典職。是不安一也。三公之職。周也独无典職。至後代及大唐三公之職。无所不統。然則殷三公。准周代耶。准唐代耶。而猶无指的。妄准周无典職。未見所拠。是不安二也。属文之体。会釈首尾。乃成其義。未聞以二字破一篇。古人有言。書不書言。言不尽意。又言得魚忘筌。得意忘文。然則文章之難。聖人攸歎。広相才拙文章。職非起居。乍奉詔命。不得辞退。輙草件文無敢所遁。

検阿衡官所職事

毛詩曰。允也天子。降予卿士。実維阿衡左右商王。〔毛伝曰、阿衡伊尹也。左右助也。鄭

義云、阿倚也。衡平也。伊尹湯所依倚而取平也。故以為官名也。〕
正義曰。尚書君奭。注曰。伊尹名摯。湯以為阿衡。至太甲改曰保衡也。阿衡。保衡。皆公官。然則阿衡。保衡一人也。彼注。阿衡為公官。此言卿士者三公兼卿士也。
尚書君奭曰。在昔成湯受命。則有若伊尹。格于皇天。在太甲時。則有若保衡。格于上帝。
　正義曰。阿衡。保衡。此並三公之官。当時為之号也。
又伊訓曰。惟元祀。十有二月乙丑。伊尹祀于先生。奉嗣王祗見其祖。百官総己。以聴冢宰。孔安国伝曰。伊尹制百官。以三公摂冢宰也。
又周官曰。太師。太傅。太保。茲惟三公。論道経邦。変理陰陽。〔師天子所師法。傅傅相天子。保保安天子也。〕
宋書百官志曰。殷太甲時。伊尹為太保。今検此等文。阿衡者、三公官名也。然則阿衡所職、可同周官三公也。范曄後漢書廿八将論曰。或崇以連城之賞。或任以阿衡之地。注云。樊会封為舞陽侯。灌嬰為丞相。封為潁陽侯。晋書簡文帝紀曰。皇太后詔曰。会稽王。阿衡三世。道化宣流。又曰。朕居阿衡三世。不能済彼時雍也。又会稽王道子伝曰、阿衡之重。言何容易。斉王冏伝曰。河間王顒上表曰。成都王潁。明徳茂親。功高勲重。宜為宰輔代斉王冏阿衡之任。晋中興書曰。泰和元年詔曰。会稽王阿衡孝宗。有保天子之名也。今勘諸史。斯文甚多。不可勝記。或以丞相称阿衡。或以太司馬称阿衡。

或以摂政称阿衡。或以録尚書事称阿衡。凡作文之断章為義。迭有不同。可无適従。未可拠件等之文決定其任。然則阿衡職。可依経家之義。

以前勘申如件。

仁和四年五月廿三日

正六位上行少外記紀朝臣長谷雄

従五位下行大内記三善宿祢清行

従五位上守左少弁兼式部少輔藤原朝臣佐世

【訓読】

(a) **勘申阿衡の事**

晋書の詔に曰はく、丞相録尚書事、会稽王昱《いく》、明徳劭命。阿衡たること三世、と。(橘)広相《ひろみ》案ずるに、三世は謂へらく穆帝の時。昱は尚書事を録し、専ら万機を摠ぶ。次に哀帝の時、位を司徒に進め、内外の衆務を統ぶ。次に海西帝の時、位を丞相録尚書事に進め、入朝不趍、賛拝□名等の礼を加ふ。又、河間王顒《ぐ》、上表して曰はく、成都王頴、明徳茂親、功高く勲重し。宜しく宰輔と為りて斉王冏の阿衡の任に代ふべし、と。是に於て頴の位を大将軍都督中外諸軍事仮節録尚書事に進めて朝政を執らしめ、巨細と無く皆就諮するなり、と。件等の文に拠れば、三公の万機を摂る者、之を阿衡と謂ふなり。広相、偏へに其の成文を見て詔草に著はす。

而るに経家勘へて云はく、阿衡は周の三公に准じ典職無かるべきものなり、と。是れ極めて安からざる所なり。何となれば、伊尹は殷の三公と為り、殊に阿衡と号す。冢宰を構へて卿士を兼ね、職務を統べざる所無し。而るに周の三公を引きて典職無しと称するは、是れ安んぜざるの一なり。三公の職、周や独り典職無し。後代及び大唐に至りて、三公の職、統べざる所無し。然らば則ち、殷の三公は、周代に准ずるや唐代に准ずるや。而して猶ほ指的無きがごとし。妄りに周の典職無きに准ずるは、未だ拠る所を見ず。是れ安んぜざるの二なり。属文の体は、首尾を会釈して、乃ち其の義を成す。未だ二字を以て一篇を破るを聞かず。古人に言有り、書は言を書せず、言は意を尽さず、と。又言ふ、魚を得て筌を忘れ、意を得て文を忘る、と。然らば、文章の難、聖人の歎く攸《ところ》なり。広相の才、文章に拙く、職は起居に非ず。詔命を奉じ乍ら辞退するを得ず。輙《すなわ》ち件の文を草す。敢て逭《のが》るる所無し。

阿衡の官の所職を検するの事

毛詩に曰ふ、允《まこと》なる天子、卿士を降し予《あた》ふ。実に維れ阿衡、商王を左右す、と。〔毛伝に曰ふ、阿衡は伊尹なり。左右は助くるなり、と。鄭義に云ふ、阿は倚なり。衡は平なり。伊尹は湯の依倚して平を取るところなり。故に以て官名となす、と。〕

正義に曰ふ、尚書君奭の注に曰ふ、伊尹、名は摯、湯もって阿衡となす。太甲に至りて改めて保衡と曰ふ。阿衡・保衡、皆な公官たり。然らば則ち阿衡・保衡は一人なり、と、彼注に、阿衡は公官たり、と。この卿士と言ふは三公の卿士を兼ぬるなり、と。

尚書君奭に曰ふ、在昔、成湯命を受くるに、則ち伊尹のごときありて、皇天に格せらる。太甲の時に在りては、則ち保衡のごときありて、上帝に格せらる、と。

正義に曰ふ、阿衡・保衡、これ並びて三公の官、当時これが号となす、と。

また伊訓に曰ふ、惟れ元祀、十有二月乙丑、伊尹は先生を祀り、嗣王を奉じて祗んで其の祖に見えしむ。百官は己を総べ、以て冢宰に聴す、と。孔安国伝に曰ふ、伊尹は百官を制し、三公を以て冢宰を摂す、と。

また周官に曰ふ、太師・太傅・太保、茲を惟れ三公とし、道を論じ邦を経し、陰陽を変理す、と。〔師は天子の師法するところなり。傅は天子を傅相するなり。保は天子を保安するなり。〕

宋書百官志に曰ふ、殷の太甲の時、伊尹は太保たり、と。

今これらの文を検するに、阿衡は、三公の官名なり。然らば則ち阿衡の職とするところは、周官の三公に同じかるべし。范曄後漢書二十八の将の論に曰ふ、或は崇くするに連城の賞を以てし、或は任ずるに阿衡の地を以てす、と。注に云ふ、樊会は封ぜられて舞陽侯となり、灌嬰は丞相となり、封ぜられて潁陽侯となる、と。晋書簡文帝紀に曰ふ、皇太后の詔に曰ふ、会稽王、阿衡たること三世、道化宣流す、と。又た曰ふ、朕、阿衡に居ること三世、彼の時雍を済ふ能はず、と。又た会稽王道子伝に曰ふ、阿衡の重、言何ぞ容易ならん、と。斉王冏伝に曰ふ、河間王顒上表して曰ふ、成都王穎、明徳茂親たり。功高く勲重し。宜しく宰輔となし、斉王冏阿衡の任に代ふべし、と。晋中興書に曰ふ、泰和元年詔して曰ふ、会稽王は孝宗を阿衡し、天子を保するの名あり、と。今諸史を勘ふるに、斯文甚だ多し。あげて記すべからず。或は丞相を以て阿衡と称し、或は太司馬を以て阿衡と称し、或は摂政を以て阿衡と称し、或は録尚書事を以て阿衡と称す。

凡そ作文の断章して義をなすは、迭ひに同じからざるあり、適従なかるべし。未だ件等の文に拠りてその任を決定すべからず。然らば則ち阿衡の職、経家の義に依るべし。

以前の勘申件のごとし。

仁和四年五月二十三日

正六位上行少外記紀朝臣長谷雄
従五位下行大内記三善宿祢清行
従五位上守左少弁兼式部少輔藤原朝臣佐世

(b)一 **検阿衡官事**

右阿衡。即三公官名。前日勘申既畢。不更重勘。

一 **検三公典職事**

右検尚書周官曰。立太師。太傅。太保。茲惟三公。従道経邦、変理陰陽。注曰、此惟三公之任。佐王論道。経緯国事。和理陰陽。正義曰。三公倶是教導天子。輔相天子。縁其事而為之名。三公皆当運致天子。使帰於徳義。天子立三公。曰太師。太傅。太保。无官職。与王同職。故曰。坐而論道。謂之三公。少師。少傅。少保。是為三孤。冢宰。司徒。宗伯。司馬。司冦。司空是為六卿任職。故曰。作而行之謂之卿。又晋書職官志曰。伊尹曰。三公調陰陽。九卿通寒暑。大夫知人事。列士去其私。今案此文。三公无典職。殷周制。経史明文。无可更疑。

一 **検伊尹摂冢宰事**

右検尚書伊訓云。惟元祀十有二月乙丑。伊尹祀于先王。奉嗣王祗見其祖。百官摠己以聴冢宰也。注曰。伊尹制百官。以三公摂冢宰也。又毛詩曰。允也天子。降予卿士。

実維阿衡。左右商王。正義曰。此言卿士者。三公兼卿士也。今案此文。伊尹兼卿。猶如周制。但説阿衡者。指謂之三公官名。不謂兼卿士者之摠号。然則三公兼卿者可有典職。其不兼者可无典職。是知伊尹制百官之時。以其暫摂冢宰也。非拠阿衡之職焉。今称阿衡即是三公。更亦有何典職。

以前勘申如件。

仁和四年五月卅日

正六位上行少外記紀朝臣長谷雄

従五位下行少内記三善宿祢清行

従五位上守左少弁兼式部少輔藤原朝臣佐世

（新訂増補国史大系『政事要略』巻第三十・御画事）

【訓読】

(b)一　**阿衡の官を検するの事**

右阿衡は、即ち三公の官名なり。前日勘申、既に畢れり。更に重ねて勘へず。

一　**三公の典職を検するの事**

右検するに尚書周官に曰ふ、太師・太傅・太保を立てて、これをこれ三公とし、道に従ひ邦を経し、陰陽を変理す、と。注に曰ふ、これはこれ三公の任、王を佐け道を論じ、国事を経緯し、陰陽を和理す、と。正義に曰ふ、三公は倶にこれ天子を教導し、天子を輔相す。其の事に縁りてこれが名となす。三公は皆当に天子を運致し、徳義に帰せしむべし。天子三公を立て、太師・太傅・太保と曰ふ。官職なし。王と職を同うす。故に曰ふ、坐して道を論ずる、これを三公と謂ふ、と。少師・少傅・少保は、これ三孤たり。冢宰・司徒・宗伯・司馬・司冦・司空はこれ六卿の任職たり。故に曰ふ、作ちてこれを行ふ、これを卿と謂ふ、と。また晋書職官志に曰ふ、伊尹曰く、三公は陰陽を調へ、九卿は寒暑を通じ、大夫は人事を知し、列士はその私を去る、と。

今この文を案ずるに、三公は典職なし。殷周の制は、経史の明文なり。更に疑ふべきなし。

一　**伊尹の冢宰を摂するを検するの事**

右検するに、尚書伊訓に云ふ、惟れ元祀十有二月乙丑、伊尹先王を祀り、嗣王を奉じて祗んでその祖に見えしむ。百官は己を摠て以て冢宰に聴す、と。注に曰ふ、伊尹は百官を制し、三公を以て冢宰を摂す、と。また毛詩に曰ふ、允いなる天子、卿士を降し予へ、実に維れ阿衡、商王を左右す、と。正義に曰ふ、これ卿士と言ふは、三公の卿士を兼ぬるなり、と。今この文を案ずるに、伊尹は卿を兼ぬること、猶ほ周制のごとし。但だ阿衡を説くは、これを三公の官名と謂ふを指し、卿士を兼ぬる者の摠号を謂はず。然らば則ち三公の卿を兼ぬるは典職あるべく、その兼ねざるは典職なかるべし。これ知る、伊尹の百官を制するの時、その暫を以て冢宰を摂し、阿衡の職に拠るに非ざることを。今阿衡と称するは即ちこれ三公なり。更にまた何の典職かあらん。

以前の勘申件のごとし。

仁和四年（八八八）五月三十日

正六位上行少外記紀朝臣長谷雄

従五位下行少内記三善宿祢清行

従五位上守左少弁兼式部少輔藤原朝臣佐世

㈡ 延喜格序

【本文】

延喜格序

左大臣正二位兼行左近衛大将臣藤原朝臣時平等奉勅撰

易曰。天垂象。聖人則之。又曰。大人者与天地合其徳。乃知陰陽寒温。天道所以成歳。政令寛猛。人君所以導民。随時立教。或革或沿。観風制法。世軽世重。然則金科玉条。不可用之於庬厚之俗。草纓艾鞸。不能施之於僿野之人。若不達変通之道。則何弁理乱之方者乎。我朝家。道出混沌。境同華胥。無為之功。未仮号令。不言之化。豈用章条。於是朴往彫来。歩尽驟至。前帝後王。雖但存一面之網。重規畳矩。不能廃三章之科。故教而不誅。制甲令於先。誅而不怒。張丙律於後。近者弘仁格十巻。貞観格十二巻。亦是聖主降其綸言。賢臣施其筆削。捜旧章於台閣。択新制於詔命。察此民情。適彼俗化。垂納軌之弘典。立経国之大規。方今膺千年之期運。承百王之澆醨。時風加而茂草靡。震雷動而蟄虫驚。将欲禁溢浪以堤防。馭覂駕以轡策。流淳化於比屋之封。反薄弊於大庭之俗。而制格以来。歴年漸久。或数代之中。弛張屢変。或一事之上。抑揚遞殊。或同本而異末。或分源而会流。斯乃雖協其時宜。匪故相反。而綜其事迹。無所適従。

爰詔左大臣正二位兼行左近衛大将臣藤原朝臣時平。故従三位守大納言兼右近衛大将行春宮大夫陸奥出羽按察使臣藤原朝臣定国。中納言従三位兼行民部卿春宮大夫臣藤原朝臣有穂。参議正四位下行左兵衛督臣平朝臣惟範。参議左大弁従四位上兼行讃岐守臣紀朝臣長谷雄。従四位上行式部大輔兼侍従春宮亮備前守臣藤原朝臣菅根。左京大夫従四位下臣藤原朝臣興範。従四位下行文章博士兼備中権守臣三善朝臣清行。従四位下行民部大輔臣大蔵朝臣善行。正五位下守右中弁兼行勘解由次官臣藤原朝臣道明。従五位下行大内記兼周防権介臣三統宿祢理平。外従五位下守大判事兼行明法博士備後権介臣惟宗朝臣善経。正六位下守右大史臣善道朝臣有行。正六位上行兵部少録臣弘世連諸統等。憲章前条。綜緝此典。起自貞観十一年。至于延喜七年。其間詔勅官符。捜抄撰集。除其滋章。刪其煩雑。若祖述先格。事有増損者。摭而無遺。若改張恒規。理無補益者。廃而不採。以官分隷。以類相従。皆因旧目。無加新意。亦其条貫糅錯。難為区分者。准之雑令。便号雑格。勒為十巻。曰延喜格。又有理非大典。政出権時。雖不足為龍鼎之銘。而猶可恨雞肋之棄。如此之類。別為延喜臨時格二巻。合為十有二巻。依歳紀而取象。法星次而分篇。率由前撰。不敢殊製。臣等専存温故之意。頗立改弊之文。新旧分条。縦有吹万之響。先後同法。庶成画一之顱。但沖旨既邈。愚管難覃。招嗤同周鼠之珍。懐慙類遼豕之献。謹序。

（新訂増補国史大系『類聚三代格』巻一・序事／新訂増補国史大系『本朝文粋』巻八・書序）

【訓読】

延喜格の序

左大臣正二位兼行左近衛大将臣藤原朝臣時平等勅を奉じて撰ぶ。

1易に曰はく、天は象を垂れ、聖人は之に則る。又曰はく、大人は天地と与に其の徳を合す。乃ち知る陰陽寒温、天道の歳を成す所以、政令寛猛、人君の民を導く所以。時に随ひて教へを立つ。或は革め或は沿ふ。風を観て法を制す。世々軽んじ世々重んず。然れば金科玉条、之を龐厚の俗に用ふべからず。草纓艾韠、之を僿野の人に施す能はず。もし変通の道に達せざれば、則ち何ぞ理乱の方を弁ずる者ならんや。

2我が朝家の道は混沌に出で、境は華胥に同じ。無為の功、いまだ号令仮せず。不言の化、あに章条を用ゐんや。是に於て朴往き彫来り、歩尽き驟至る。前帝後王、倶に一面の網を存すと雖も、重規畳矩、三章の科を廃す能はず。故に教へて誅せず。甲の令を先に制し、誅して怒らず。丙の律を後に張る。近者《このごろ》、弘仁格十巻、貞観格十二巻、亦これ聖主その綸言を降し、賢臣その筆削を施す。旧章を台閣に捜し、新制を詔命に択ぶ。此の民情を察し、彼の俗化に適す。納軌の弘典を垂れ、経国の大規を立つ。

3方今、千年の期運に膺り、百王の澆醨を承く。時風加へて茂草靡く。震雷動きて蟄虫驚く。将に溢浪を禁じ、堤防を以て覂駕を馭じ、轡策を以て、淳化を比屋の封に流し、薄弊を大庭の俗に反さんと欲す。而るに格を制して以来、年を歴ること漸く久し。或は数代の中、弛張屢ゝ変じ、或は一事の上、抑揚遞に殊にす。或は本を同じくし末を異にす。或は源を分ちて流れを会す。斯れ乃ち其の時宜に協ひ、故に相反を匪すと雖も、而かも其の事迹を綜め、適従する所無し。

4爰に左大臣正二位兼行左近衛大将臣藤原朝臣時平・故従三位守大納言兼右近衛大将行春宮大夫陸奥出羽按察使臣藤原朝臣定国。中納言従三位兼行民部卿春宮大夫臣藤原朝臣有穂・参議正四位下行左兵衛督臣平朝臣惟範・参議左大弁従四位上兼行讃岐守臣紀朝臣長谷雄・従四位上行式部大輔兼侍従春宮亮備前守臣藤原朝臣菅根・左京大夫従四位下臣藤原朝臣興範・従四位下行文章博士兼備中権守臣三善朝臣清行・従四位下行民部大輔臣大蔵朝臣善行・正五位下守右中弁兼行勘解由次官臣藤原朝臣道明・従五位下行大

内記兼周防権介臣三統宿祢理平・外従五位下守大判事兼行明法博士備後権介臣惟宗朝臣善経・正六位下守右大史臣善道朝臣有行・正六位上行兵部少録臣弘世連諸統等に詔して、前条を憲章し、此の典を綜緝するに、貞観十一年（八六九）より起り、延喜七年（九〇七）に至る。

5其の間、詔勅・官符、捜抄撰集し、其の滋章を除き、其の煩雑を刪す。もし先格を祖述し、事に増損あらば、摭して遺す無し。もし恒規を改張し、理に補益する無くんば、廃して採らず。官を以て分隷し、類を以て相従ふ。皆旧目に因りて、新意を加ふる無し。亦其の条、貫糅錯り、区分を為し難けんば、之を雑令に准じて、便ち雑格と号す。勒して十巻と為し、延喜格と曰ふ。又理非大典に有り、政は権時に出づ。龍鼎の銘と為すに足らずと雖も、而も猶、雞肋の棄を恨むべし。此の如きの類、別に延喜臨時格二巻と為し、合せて十有二巻と為す。

6歳紀に依りて象を取り、星次に法りて篇を分かつ。前摸に率由し、敢て殊製せず。臣等専ら温故の意を存し、頗る改弊の文を立つ。新旧の条を分つ。縦ひ吹万の響あるとも、先後の法を同じくす。庶くは画一の顢《なおき》と成さん。但し沖旨既に邈なり。愚管覃し難し。嗤ふと雖も、周鼠の珍を同じくし、慙を懐ひ遼豕の献を類せん。謹んで序す。

(八) 恒貞親王伝

【本文】

恒貞親王伝

〔旧本巻首一葉闕〕昔者天平末。大臣吉備真吉備。勧高野天皇。幸大学行此礼。其後八十余年。廃而不行。今太子心存興復。亦甚焉佳。即勅皇太子。率百官修奠礼。博士講経既畢。遍命群僚賦詩。皇太子製詩一篇。当時詩伯菅原清公。滋野貞主等。甚佳賞焉。各献長句以勧励之。承和五年。皇太子加元服。時年十四。天子御紫宸殿。行三加之礼焉。是日大赦天下。後皇太子才慧日新。深達世事。自以為。身非家嫡得居儲宮。若嵯峨淳和天皇晏駕之後。禍機難測。即令学士春澄善縄作辞譲之表。冀比泰伯劉彊以避賢路。辞意懇切。至于二至于三。天子不許。嵯峨太上天皇深以慰喩。兼加教督。於是対春宮大夫文室秋津。亮藤原貞守等歎云。孤屢輸青蒲之欵。未降蒼昊之恩。諸君奈孤身何。語竟涕泣。承和七年。淳和太上天皇崩。九年。嵯峨太上天皇亦崩。無幾春宮帯刀伴健岑等謀反発覚。皇太子恐懼。亦抗表辞譲。天子優答云。独健岑之凶逆。豈可関於太子。宜存闊略。勿介中懐。太子猶不自安。朝夕憂念。其後有投送書曰。健岑反計為太子発之。天子信之。遂廃太子。依例叙三品。親王令聞夙著。天下属心。加以寛恵恩紀。多結人心。一旦廃黜。亦非其罪。朝野悲傷。行路墜涙。初天子避暑御冷然院。皇太子従之。俄而有廃黜之議。

分使捕禁坊司幷侍者帯刀等百余人。又勅使左近少将藤原良相。率近衛卅人囲守皇太子直曹。皇太子晏然和暢曾無懼色。飲食言咲無異平常。謂傍人曰。吾以非分荷此任。禍之萠兆早自知之。故数年以来。謝去儲君不羅此敗。而不忍離背。因招憂患。豈非天乎。既而勅令参議正躬王送廃太子。帰淳和院。備前守紀長江。自院逢迎。即奉謁太后。及左右皆哽咽悲

〔旧本此間二三葉闕〕陵辺焉。大覚寺者。旧嵯峨太上天皇之宮也。淳和太后改為仏寺。親王忽造阿弥陀六像。幷写諸経論而置之。定額僧十四口。香燈斎飯之資。皆親王所嚫捨也。親王昔者受史伝於春澄善縄。大江音人。中年受五経於中原月雄。受内典顕密秘要於阿闍梨真如。少僧都道昌。皆究其奥。尤妙草隷。時嵯峨淳和両天皇。倶巧書芸。論者皆曰。嵯峨勁筋乏肉。淳和豊肉軟筋。至于親王。筋肉雙奇。肥痩得適。又能鼓琴。尽得高橋文室麻呂之曲調也。文室麻呂常曰。曲折宛転者。勤習之切也。敬以伝之。音律清雅者。自然之妙也。誠所不及。初天長九年。親王年始八歳。猶保育在於内裏。嵯峨太上天皇聴其好音。召令弾琴。天皇親為之投羽調荊軻易水曲。親王写習已訖。即問此曲所起。天皇語云。昔者荊軻為燕太子。謀欲入強秦以刺始皇。時太子餞軻於易水上。軻乃歌羽声曰。壮士往兮不返。匕首振兮染鍔。建慷慨感激。怒髪指冠。就車而去。無復反顧。後事遂不成。荊軻戮死。燕国破滅。後人写之於七絃。遂為此曲。親王即言曰。然則此非正声。臣何可習。天皇歎。即手書達内裏云。親王非唯知音。亦能知言。〔文多不載。〕淳和天皇甚悦。即

以嵯峨手書賜史局。亦兼令注記其事。親王初在東宮。尤好図画。或進偃息図一巻。親王命而焚之曰。此致辱於所生也。時人歎服。初元慶末。天子遜於陽成院。時太政大臣昭宣公。属心於親王。率左大臣源融。右大臣源多。陳楽推之志焉。親王悲泣云。内経。厭王位而帰仏道者。不可勝数。未有謝沙門而貪世栄者焉。此蓋修行之邪縁也。乃不薦斎三四箇日。将入滅度。由是更奉迎仁和天皇。親王為太子時。納大納言藤原愛発女為妃。無子。又幸左衛門佐藤原是雄女。生両男。皆有才操。親王入道之日。両児皆落髪為僧。所以絶其胤嗣焉。

（続群書類従『恒貞親王伝』）

【訓読】

恒貞親王伝

1 〔旧本、巻首一葉闕、後掲ⓐ参照〕 昔は天平の末、大臣吉備の真吉備、高野（孝謙）天皇に勧む。大学に幸して此の礼（釈奠）を行ひたまふ。其の後八十余年、廃して行はれず。今、太子（恒貞親王）、心興復に存し、亦甚しく佳と為す。即ち皇太子に勅し、百官を率ゐて奠礼を修したまふ。博士の講経、既に畢りて、遍命群僚詩を賦す。皇太子、詩一篇を作る。当時の詩伯菅原清公・滋野貞主ら、甚だ佳賞す。各々長句を献じ、以て之を勧励す。承和五年（八三八）、皇太子元服を加ふ。時に年十四。天子（仁明天皇）紫宸殿に御し、三加の礼を行ひたまふ。是の日、天下に大赦す。後に皇太子の才、慧日に新た、深く世事に達す。自らおもへらく、身は家嫡に非ずして儲宮に居るを得。もし嵯峨・淳和天皇晏駕の後、禍機測り難し。即ち学士春澄善縄をして辞譲の表を作らしむ。冀くは、比泰伯劉彊、以て賢路を避く。

辞意懇切、二に至り三に至るも、天子許したまはず。嵯峨太上天皇、深く以て慰喩し、兼ねて教督を加へたまふ。是に於て、春宮大夫文室秋津・亮藤原貞守らに対して歎きて云はく、孤り屢ゝ青蒲の欵を輸り、未だ蒼昊の恩を降さず。諸君奈孤身何。語りて竟に涕泣す。

2 承和七年（八四〇）、淳和太上天皇崩じられ、九年（八四二）、嵯峨太上天皇亦崩じたまふ。幾《いくばく》も無く春宮帯刀伴健岑らの謀反発覚す。皇太子恐懼し、亦抗表辞譲す。天子（仁明天皇）優答して云はく、独り健岑の凶逆のみ。あに太子に関はるべけんや。宜しく闊略を存し、中懐を介するなからんと。太子なほ自ら安んぜず、朝夕憂念す。其の後、投送書ありて曰はく、（伴）健岑の反計は太子の為めに之を発すと。天子、これを信じて遂に太子を廃し、例に依り三品に叙したまふ。親王の令聞、夙に著しく、天下も心を属す。加ふるに寛恵恩紀を以て、多く人心を結ぶ。一旦廃黜すとも、亦その罪に非ず。朝野悲傷し、行路涙を墜つ。初め天子、暑を避けて冷然院に御し、皇太子も之に従ふ。俄にして廃黜の議有り。使を分ちて坊司幷びに侍者・帯刀ら百余人を捕禁す。又、勅使左近少将藤原良相、近衛三十人を率ゐて皇太子の直曹を囲守す。皇太子、晏然和暢、曽つて懼色無し。飲食言咲も平常に異ること無し。傍人謂ひて曰はく、吾以ふに、此の任を分かち荷ふに非ず。禍の萠兆、早く自ら之を知れり。故に数年以来、謝して儲君を去れば、此の敗に羅らず。しかるに離背するに忍びず、因りて憂患を招く。あに天に非ざらんや。既にして勅して参議正躬王をして廃太子を送らしめ、淳和院に帰る。備前守紀長江、院より逢ひ迎へ、即ち太后（正子内親王）に謁し奉る。左右に及び、皆哽に咽ぎ悲しむ。

3 〔旧本、此間二三葉闕、後掲ⓑ参照〕陵辺なり。大覚寺は、旧嵯峨太上天皇の宮なり。淳和太后、改めて仏寺と為す。親王忽ち阿弥陀六像を造り、幷びに諸経論を写して之を置く。定額僧十四口、香燈斎飯の資、皆親王の嚫捨なり。親王、昔は史伝を春澄善縄・大江音人に受け、中年に五経を中原月雄に受け、内典顕密秘要を阿闍梨真如・少僧都道昌に受く。皆その奥を究む。（親王）尤も草隷に妙なり。時の嵯峨・淳和両天皇、倶に書芸に巧なり。論者皆曰はく、嵯峨は筋に勁く肉に乏し。淳和は肉豊かに筋軟し。親王に至りては、筋も肉も雙に奇、肥も痩も適を得。又、鼓琴を能くし、尽く高橋文室麻呂の曲調を得るなり。文室麻呂常に曰はく、曲折宛も転するがごときは、勤習の切なり。敬ひて以て之を伝ふ。音律清雅なるは、自然の妙なり。誠に及ばざる所なりと。

4　初め天長九年（八三二）、親王年始めて八歳、なほ保育して内裏に在り。嵯峨太上天皇その好音を聴き、召して琴を弾かしめたまふ。天皇、親しく之が為に投羽、荊軻易水の曲を調へたまふ。親王、写し習ふこと已に訖んぬ。即ち此の曲の起る所を問ふ。天皇語りて云はく、昔は荊軻、燕の太子と為り、謀りて強ひて秦に入り、以て始皇を刺す。時に太子、軻を易水の上に餞す。軻乃ち羽声を歌ひて曰はく、壮士往きて兮《また》返らず。匕首振ひて兮鍔を染む。遂に慷慨感激し、怒髪冠を指し、車に就きて去り、復反顧する無し。後事遂に成らず。荊軻戮死し、燕国破滅す。後人これを七絃に写し、遂に此曲を為す。親王即ち言ひて曰はく、然らば此は正声に非ず。臣何ぞ習ふべけんやと。天皇、歎じたまひ、即ち手書を内裏に達して云はく、親王は唯に音を知るに非ず、亦能く言を知れり〔文多く載せず〕。淳和天皇、甚だ悦びたまひ、即ち嵯峨手書を以て史局に賜はり、亦兼ねて其の事を注記せしむ。親王、初め東宮に在り、尤も図画を好む。或は偃息図一巻を進む。親王、命じて之を焚きて曰はく、此れ辱めを所生に致すなり。時の人、歎じ服す。

5　初め元慶の末（八八四）、天子（陽成天皇）は陽成院より遜《のが》れたまふ。時に太政大臣昭宣公（藤原基経）、心を親王に属す。左大臣源融・右大臣源多を率ゐて、楽推の志を陳ぶ。親王悲泣して云はく、内経、王位を厭ひて仏道に帰する者、勝《あ》げて数ふべからず。未だ沙門を謝して世栄を貪る者有らざるなり。此れ蓋し修行の邪縁なり。乃ち斎を薦めざること三四箇日にして、まさに滅度に入らんとす。是に由り更に仁和（光孝）天皇を迎へ奉る。

6　親王、太子たる時、大納言藤原愛発の女を納れて妃と為すも、子無し。又、左衛門佐藤原是雄の女を幸して両男を生む。皆才操有り。親王、入道の日、両児皆落髪して僧と為す。其の胤嗣を絶つ所以なり。

☆三善為康撰『後拾遺往生伝』所収の「亭子親王伝」は、『恒貞親王伝』を大半引用（一部節略か）したかとみられるほど酷似している。そこで『恒貞親王伝』の現存本（底本「金沢文庫本」）に欠失するⓐ・ⓑの部分を、この「亭子親王伝」により補って参考に供する。

ⓐ「亭子親王、諱恒貞は、淳和天皇第二子なり。天長二年（八二五）誕生。歯（齢）齠齓に及び、性岐嶷有り。能く経史を読み、頗る文章を属す。言語挙動、老成の量有り。嵯峨天皇、甚だ之を奇としたまふ。天長十年二月、（淳和）天皇、位を仁明に譲りたまふ。時に親王、年九歳。仁明天皇、殊に親王を冊して皇太子と為し、即ち小野篁・春澄善縄を撰びて並びに学士と為す。太子の容貌端厳、威儀閑雅なり。天皇、甚だ悦びたまひ、以て非常の器と為す。太子、従容として奏して曰はく、皇太子は釈奠の礼を大学に当つ。是れ旧儀なり。此の礼久しく廃するも、未だ所以を知らざるなりと。天皇、勅して曰はく、」

※　以下「昔は天平の末」に続き、「深く時務に達す」まで同文。その後に「専ら儲位を畏れ、再三辞譲す。天子許したまはず。即ち嗟歎して涕泣す。承和七年、淳和天皇崩じ、九年、嵯峨太上天皇亦崩じたまふ。遂に太子を廃す。已に三品を叙す。」とあるのは、本伝の要約か。

ⓑ「左右に謂ひて云はく、幸ひに重負を脱す。あに可ならざらんやと。即ち淳和院の東の亭子に住む。故に亭子親王と号す。心は仏教に帰し、身は女事を離る。嘉祥二年（八四九）、落髪して服を変へ、沙門戒を受く。年二十五〔法名恒寂〕。爾より以降十二箇年、行業退かず。貞観二年（八六〇）、具足戒を受く。又に別勅有り。大阿闍梨真如親王に随ひて両部大法を受く。荘牧数十所、皆大覚寺に施入す。」

※　以下、「それ大覚寺は……皆親王達嚫なり。親王、尤も草隷を善くす。……又琴曲音律、倶に以て巧妙なり。」とあるのは、本伝の要約か。その後に、本伝の末尾にみえる妻子と入道のことがあり、最後に「仁和元年（八八五）九月十日夕、忽ち浣洗沐浴、整理衣服、焼香供花、入壇坐禅。明日午後、禅扉猶閉づ。弟子これを怪しみ、戸を開きて之を視るに、西に向ひて結跏す。宛かも生ける人の如し。肌膚これ冷え、初めて遷化を知る。時に年六十。即ち太后の陵辺に葬れり」とある。その最後「陵辺矣」が、本伝の途中二三枚欠失の後の冒頭「陵辺焉」と近似している。従って、本伝にも錯簡混入があるとみられる。

※　尚、『扶桑略記』元慶八年二月四日条（新訂増補国史大系本一四〇頁）に「亭子親王伝に云はく、時に摂政太政大臣、心を先の春宮坊恒貞親王（往年入道、法名恒寂）に属す。……（已上伝文、紀納言作）」とある。これも本伝と部分的に類似するが、同一とはいえない。しいて推測すれば、「亭子親王伝」は、「紀納言（長谷雄）作」、それに先立つ「恒貞親王伝」は三善清行作という関係なのかもしれない。

付　三善清行の略系図と略年譜

略系図

（断片的な資料により作成したもの。○は確実、△は推定、×は不連続、？は未確認。）

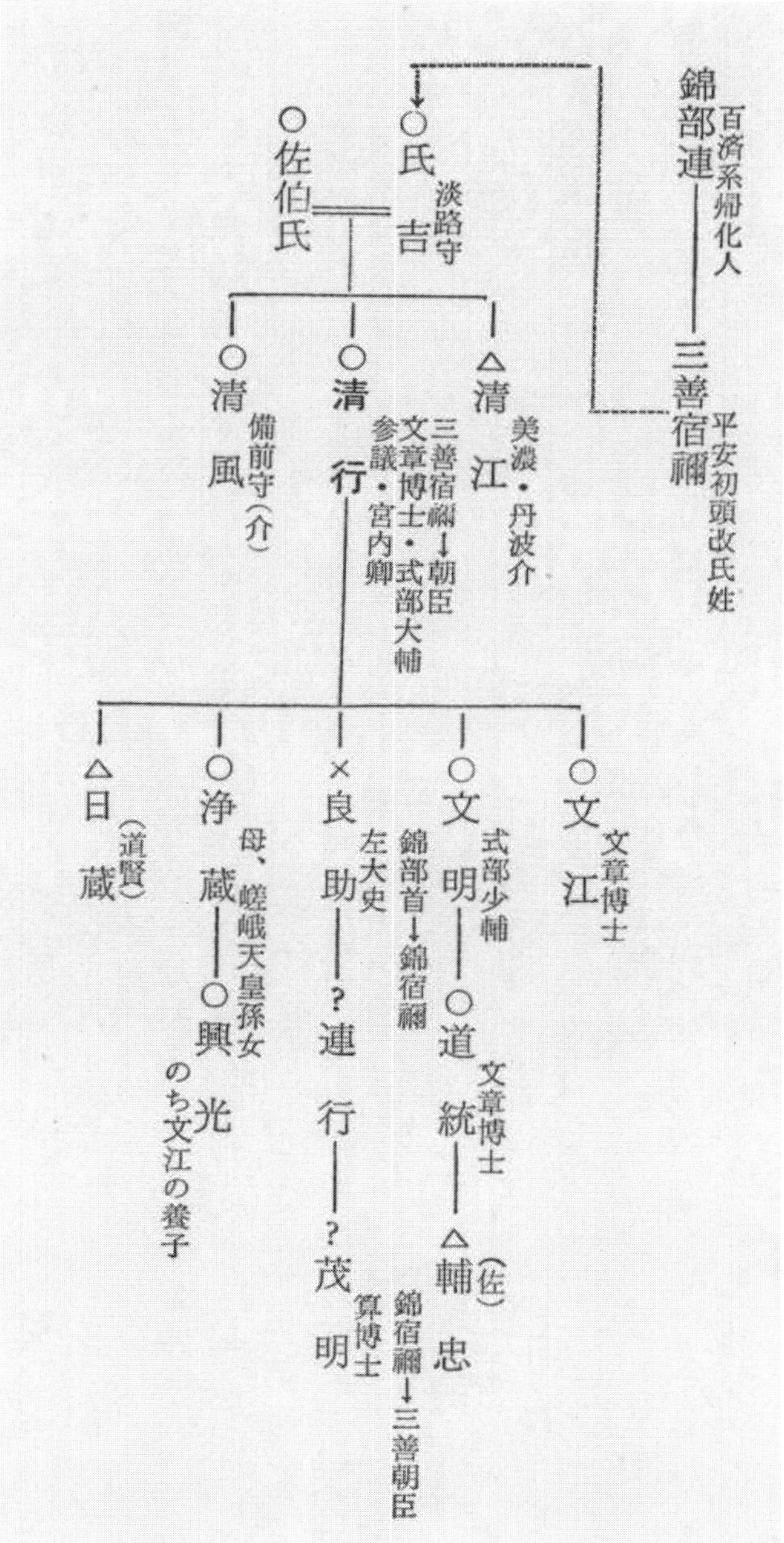

三善清行の略年譜

（年齢は数え歳）

年号	西暦	年齢	関係事績	参考事項
承和9	八四二		7月、父氏吉配流さる	7月、嵯峨上皇崩御（57歳）○承和の変
12	八四五		8月、氏吉帰京	是歳、菅原道真誕生○紀長谷雄誕生
14	八四七	1	是歳、誕生（母佐伯氏）	4月、橘広相文章生となる
嘉祥3	八五〇	4		3月、仁明天皇崩御（41歳）○円珍入唐
貞観4	八六二	16	春、淡路守氏吉病歿	4月、参議以上に意見封事を徴召
8	八六六	20	これより以前、大学入学	閏3月、応天門の変○8月、藤原良房摂政
15	八七三	27	春、文章生となる（受業師巨勢文雄）	是歳、文章博士巨勢文雄大学頭兼任
16	八七四	28	是歳、文章得業生となる	7月、藤原佐世方略試不合格
元慶元	八七七	31	2月5日、釈奠の竟宴詩序を書す	10月、式部少輔道真文章博士兼任
			2月29日、越前少目の得分を受く	11月、大江音人薨（67歳）
2	八七八	32	2月25日、日本紀講書の都講を勤む	5月、藤原保則を蝦夷征討の出羽権守に任ず
3	八七九	33	10月8日、大極殿落成宴の詩序を書く	11月、長谷雄文章得業生となる
4	八八〇	34	正月21日、播磨権少目の得分を受く	8月、菅原是善薨（69歳）
5	八八一	35	4月25日、方略試不合格（問者道真）	是歳、道真を難ずる者あり

6	八八二	36	8月29日、日本紀竟宴に物を賜る	
7	八八三	37	5月1日、改判されて合格（丁第）	是歳、長谷雄方略試に合格（問者道真）
8	八八四	38	正月11日、大学少允に任ず	○2月、光孝天皇即位○9月、恒貞親王薨
仁和2	八八六	40	正月16日、少内記に任ず 5月26日、文章得業生藤原春海の問頭博士となる	正月、道真讃岐守に転出、長谷雄少外記
3	八八七	41	正月7日、従五位下に叙す○2月2日、大内記	8月、宇多天皇践祚 ○11月、基経に万機関白の詔を賜る
4	八八八	42	5月23日と30日、佐世・長谷雄らと「阿衡勘文」を上る	4月～6月、阿衡の論議紛糾（10月、解決）
寛平2	八九〇	44	このころ、天台座主円珍に愛遇される	5月、橘広相薨（53歳）○藤原（京家）冬緒薨（83歳）
3	八九一	45	正月30日、肥後介に任ず（遙任） ○是歳・八男浄蔵出生○時平主催の法華会に参列	正月、関白基経薨（56歳） 2月、道真蔵人頭○10月、円珍入寂（78歳）
4	八九二	46	8月26日、試経勅使を勤む	3月、巨勢文雄卒（69歳）
5	八九三	47	正月11日、備中介に任ず（守は遙任） 4月ごろ、備中国内に疫病流行	2月、道真参議兼式部大輔、長谷雄式部少輔 4月、敦仁親王立太子
6	八九四	48		9月、遣唐使中止
7	八九五	49		4月、藤原保則卒（71歳）
8	八九六	50	正月2日、内宴に召されて従五位上に叙す	8月、中納言道真民部卿を兼ぬ
9	八九七	51	晩秋、帰京	7月、宇多天皇譲位、醍醐天皇即位

昌泰2	八九九	53	3月、命婦百済継子に秘話を聞く	2月、時平左大臣、道真右大臣
			9月9日、重陽宴で道真に冷遇させる	10月、宇多上皇仁和寺にて落飾
3	九〇〇	54	2月20日、刑部大輔に任ず○5月15日、文章博士に任ず	3月、内大臣藤原高藤薨（63歳）
			6月13日、『史記』を講述○10月11日、右大臣道真に辞職勧告	9月、奨学院を大学寮南曹とす○秋、彗星出現
			11月21日、朝廷に明春革命を警告	10月、宇多法皇高野山などに御幸
4	九〇一	55	正月、伊勢権介を兼ぬ○2月9日、左大臣時平に塞怨進言	正月、道真および息男と側近たち左遷さる
			2月22日、辛酉改元を提唱○3月15日、大学頭を兼ぬ	3月、藤原穏子入内し女御となる
延喜元	九〇一	55	7月15日、辛酉改元を認めらる	8月、左大臣時平ら『日本三代実録』撰進
			9月、善行の七十賀に列す○是歳、意見封事上奏	9月、大外記大蔵善行七十賀を時平邸で開く
2	九〇二	56	正月7日、正五位下に叙す	正月、長谷雄参議に、善行民部少輔に任ず
			10月19日、『円珍和尚伝』を完成	3月、荘園整理令等の律令再建策に打ち出す
3	九〇三	57	2月26日、式部少輔を兼ぬ（三職兼任）	2月、道真大宰府にて薨（59歳）
4	九〇四	58	正月7日、従四位下に叙す○5月28日、大学頭を去る	2月、崇象（保明）親王立太子
			8月21日、講書召人となる	8月、日本紀講書開始（博士藤原春海）
5	九〇五	59	正月11日、式部権大輔（兼備中兼守）に任ず	4月、『古今和歌集』の編纂開始
			8月、延喜格式の編纂員を命ぜらる	8月、延喜格式の編纂開始
6	九〇六	60	閏12月17日、日本紀竟宴で和歌二首を詠む	7月、藤原定国薨（40歳）
7	九〇七	61	2月1日、『藤原保則伝』を完成	11月、延喜通宝銭を通用

8	九〇八	62	11月15日、「延喜格序」を書くか	11月15日、延喜格撰上（施行は8年12月より）
				10月、藤原菅根卒（54歳）
9	九〇九	63	4月4日、時平の病床を見舞い、浄蔵の加持を制止す	正月、藤原興範式部大輔○4月、藤原時平病死（39歳）
10	九一〇	64	正月以前、文章博士を辞す	正月、橘公統と三統理平、文章博士
11	九一一	65	9月9日、重陽宴に応製詩を賦す	正月、長谷雄中納言○5月、『延喜交替式』編纂
12	九一二	66		2月、長谷雄薨（68歳）
13	九一三	67	正月21日、内宴の題を献じ詩を賦す○是冬、『詰眼文』を書く	3月、右大臣源光怪死（69歳）○『延喜儀式』編纂
14	九一四	68	4月22日、式部大輔に任ず○同月29日、『意見十二箇条』上奏	2月、意見封事徴召○6月、美服を禁制
15	九一五	69	正月7日、従四位上に叙す	8月、良峯衆樹蔵人頭に補す
			11月21日、中納言藤原定方に給与問題建言	
16	九一六	70	是歳、勅許をえて善法寺建立か	7月、参議十世王薨（84歳）
17	九一七	71	正月29日、参議に任ず○5月20日、宮内卿を兼ぬ	正月、衆樹参議に任ず
			11月1日、公卿の朔旦冬至賀表を作る	是歳、東宮学士大蔵善行、保明親王に漢書進講
			12月25日、深紅衣服の禁止を奏請	
18	九一八	72	正月13日、播磨権守（遙任）を兼ぬ	3月、深紅衣服禁止
			このころ、『善家秘記』をまとめる○12月7日、卒去（72歳）	9月、非参議源長猷薨（52歳）

あとがき

本書に集成した遺文については、序論で概説したが、拙著『三善清行』（昭和45年、吉川弘文館）にも一とおり言及している。また②〜⑥・⑦・⑩・⑪・㊁・㊇に関しては、左記の拙稿で少し詳しく論じた。

・「三善清行の辛酉革命論」（昭44、「神道史研究」一七巻一号→拙著『年号の歴史』昭63、雄山閣出版）
・「律令時代における意見封進制度の実態」（昭44、古代学協会編『延喜天暦時代の研究』吉川弘文館）
・「国衙〝官長〟の概念と実態」（昭和45、日本歴史学会編「日本歴史」二六四号）
・「『円珍和尚伝』の素材と構成」（昭44、仏教史学会編「仏教史学」一四巻三号）
・「『藤原保則伝』の基礎的考察」（昭45、藝林会編「藝林」二一巻三号）
・「『延喜格』の編纂と三善清行」（昭45、古代学協会編「古代文化」二二巻九号）
・「『恒貞親王伝』撰者考」（昭44、皇學館大学人文学会編「皇學館論叢」二巻一号）

本書に収録した遺文について、私の手書き原稿を丹念に入力してくれられたのは、伊勢で田中卓博士の指導を受けた同学の野木邦夫氏である。また、その校正に協力してくれられたのは、京都産業大学法学部准教授の久禮旦雄氏とモラロジー研究所研究助手の後藤真生氏である。さらに、そのデータを千百年祭までに書物として仕上げることを快諾し尽力されたのは、方丈堂出版の光本稔社長と上別府茂編集長である。以上の各位に併せて御礼を申し上げます。

平成三十年（二〇一八）十月二十日

所　功（喜寿）

人 名 索 引

1. 本書中の人名を採録し、漢字を一般的に通用している音訓の読み方で五十音順に配列した。
2. 全体に亘る三善清行（善相公）は全て省き（中国の王名も一部省略）、遺文の人名は主に訓読の注記から採った。
3. 索引原稿の作成に野木邦夫氏の協力をえた。

所　功（ところ　いさお）　http://tokoroisao.jp/

昭和16年（1941）12月12日　岐阜県揖斐川町生まれ（現住所小田原市）
名古屋大学文学部史学科・同大学院修士課程（国史学専攻）修了
昭和41年（1966）度より９年間、皇學館大学文学部教員（助手・講師・助教授）
同50年（1975）度より６年間、文部省初等中等教育局教科書調査官（社会科日本史）
同56年（1981）度より31年間、京都産業大学教授（教養部→法学部・日本文化研究所）
同61年（1986）、法学博士（慶應義塾大学・日本法制文化史）
平成24年（2012）度より京都産業大学名誉教授・モラロジー研究所教授（研究主幹）・麗澤大学客員教授・皇學館大学特別招聘教授

研究書：『三善清行』（昭45、吉川弘文館）、『日本の年号』（昭52、雄山閣出版）、『平安朝儀式書成立史の研究』（昭60、国書刊行会）、『年号の歴史』（昭63、雄山閣出版）、『宮廷儀式書成立史の再検討』（平13、国書刊行会）、『菅原道真の実像』（平14、臨川書店）等
史料集：『三代御記逸文集成』（昭57、国書刊行会）、『北山抄』（平４、神道大系編纂会）、『西宮記』（平５、同上）、『大正大礼記録』（平13、臨川書店）、『近代大礼関係の基本史料集成』（平30、国書刊行会）、『五箇条の御誓文関係資料集成』（平30、原書房）等

三善清行《みよしきよゆき》の遺文集成《いぶんしゅうせい》

二〇一八年一二月一日　初版第一刷発行

編著者　所　功
発行者　光本　稔
発行所　株式会社　方丈堂出版
京都市伏見区日野不動講町三八―二五
郵便番号　六〇一―一四二二
電話　〇七五―五七二―七五〇八
発売所　株式会社　オクターブ
京都市左京区一乗寺松原町三一―二
郵便番号　六〇六―八一五六
電話　〇七五―七〇八―七一六八
装幀　小林　元
印刷・製本　亜細亜印刷株式会社

ISBN978-4-89231-204-5

三善清行の千百年祭と記念講演会ご案内

時　平成三十年（二〇一八）**十二月一日**（土）
午前十時から正午まで

所　京都市左京区岡崎東天王町五一　**岡崎神社**
（〇七五 - 七七一 - 一九六三）

行　事

千百年祭（岡崎神社境内に奉建した
三善清行邸址の肖像石碑前）

記念講演（岡崎神社の社務所大広間）

1 **「三善清行の唱えた辛酉改元の真相」**（京都産業大学名誉教授）所　功

2 **「三善清行の『善家秘記』が面白い」**（京都産業大学准教授）**久禮旦雄**

※三善清行（みよしきよゆき 八四七～九一八）は菅原道真と同時代の有能な学者公卿です

拝殿前左の神楽殿脇に建碑

（市バス「岡崎神社前」下車すぐ）